André Gide
CHOPIN ÜZERİNE NOTLAR

1947 NOBEL EDEBİYAT ÖDÜLÜ

Can Yayınları: 1854

Notes sur Chopin, André Gide

© L'Arche Editeur, Paris, 1983
© Can Sanat Yayınları Ltd. Şti., 2010
Tüm hakları saklıdır. Tanıtım için yapılacak kısa alıntılar dışında
yayıncının yazılı izni olmaksızın hiçbir yolla çoğaltılamaz.
Kapak resmi: © iStockphoto.com / Blazej Piotrowski

1. basım: Ocak 2010
2. basım: Mart 2010
Bu kitabın 2. baskısı 3000 adet yapılmıştır.

Yayına hazırlayan: Ayça Sezen

Kapak tasarımı: Erkal Yavi
Kapak düzeni: Semih Özcan
Dizgi: Gelengül Çakır
Düzelti: Füsun Güler

Kapak baskı: Çetin Ofset
İç baskı ve cilt: Özal Matbaası

ISBN 978-975-07-1120-6

CAN SANAT YAYINLARI
YAPIM, DAĞITIM, TİCARET VE SANAYİ LTD. ŞTİ.
Hayriye Caddesi No. 2, 34430 Galatasaray, İstanbul
Telefon: (0212) 252 56 75 – 252 59 88 – 252 59 89 Fax: 252 72 33
http://www.canyayinlari.com
e-posta: yayinevi@canyayinlari.com

André Gide
CHOPIN ÜZERİNE
NOTLAR
1947 NOBEL EDEBİYAT ÖDÜLÜ

İDİL BİRET'İN ÖNSÖZÜYLE

ANLATI

Fransızca aslından çeviren
ÖMER BOZKURT

CAN YAYINLARI

ANDRÉ GIDE'İN
CAN YAYINLARI'NDAKİ
DİĞER KİTAPLARI

KALPAZANLAR / *roman*
VATİKAN'IN ZİNDANLARI / *roman*
DÜNYA NİMETLERİ ve YENİ NİMETLER / *anlatı*
AYRI YOL / *roman*

André Gide, Protestan bir babanın ve Katolik bir annenin oğlu olarak 1869 yılında Paris'te doğdu. Yazı hayatına 1891'de yayımladığı *André Walter'in Defterleri* ve *Narsis Üstüne İnceleme* ile başladı. Bunları 1897'de yayımladığı ünlü yapıtı *Dünya Nimetleri* izledi. Gide bu kitabında, lirik ve canlı bir üslupla kişinin bağlarından sıyrılmasını ve hayatın bütün yönleriyle tadını çıkarmasını savunuyordu. En önemli eserlerinden biri olan *Ayrı Yol'*u 1902'de yayımladı. André Gide Birinci Dünya Savaşı'ndan sonra, geniş okur kitlelerince tanındı ve büyük bir yazar olarak kabul edildi. Gide'in yazar olarak ustalığı, üslubundaki açıklık ve duruluk, bir yandan kitaplarında ortaya koyduğu kaygılarıyla, öte yandan düşüncelerinin karmaşıklığıyla tam bir çelişme halindedir. Son derece duygulu ve insancıl bir roman olan *Pastoral Senfoni*'yi Gide' in en iyi eseri sayılan *Kalpazanlar* (1925) izledi. Bu tarihten sonraki eserlerinde toplum sorunlarını öne aldı. Her türlü önyargıdan uzaklaşıp yerleşik inanç ve düşüncelere körü körüne bağlanmaktan kaçınmayı önerdi. Çağının aydınları üstünde büyük etkisi oldu. 1947'de Nobel Edebiyat Ödülü'nü aldı. 1951'de öldü.

Prof. Dr. Ömer Bozkurt, akademik mesleğinin dışında bir yandan coğrafya ve yolculuk edebiyatı ile bir yandan da sanat kurumlarının yönetimiyle ilgilenmiştir. Uzak coğrafyalara yaptığı kimi gezileri kitaplaştırmış, kimi yabancı bilgin, gezgin ve kâşiflerin yapıtlarını Türkçeye çevirmiştir. Uzun süreden beri Sevda-Cenap And Müzik Vakfı (SCAMV) Yönetim Kurulu üyesidir. Senfoni orkestralarının sevk ve idaresi konusunda birçok makalesi vardır. SCAMV'yi uluslararası toplantılarda temsil görevi nedeniyle yaptığı yolculukların deneyim ve izlenimlerini de *Müzik Coğrafyasında Duraklar* (2008) adı altında yayımlamıştır.

İçindekiler

İdil Biret'in Önsözü

André Gide'in *Chopin Üzerine Notlar* eseri edebi olarak ve içeriği bakımından büyük önem taşımaktadır. Paris'te öğrenciyken bu kitabı ilk kez okuduğumda Gide'in derin müzik bilgisinden ve piyanoyu böylesine yakın tanımasından çok etkilenmiştim. Edebiyat ile plastik ve sahne sanatları arasında yakın bağlar kurulabildiği halde, başlı başına bir dil olan klasik müzik çoğu kez yazarlara yabancı gelmiştir. Jean-Jacques Rousseau, E.T.A. Hoffmann, F. Nietzsche gibi yazar-kompozitörler, G. Bernard Shaw, Heinrich Heine gibi müzikle aktif olarak uğraşmış olan yazarlar var ise de bunlar tarihte sayıca pek azdır. Bu nedenle Gide'in Chopin üzerine bu kitapta ve güncesinde yazdıkları ve diğer vesilelerle söylediklerinin özel bir anlamı vardır. Müzik üzerine böylesine güzel bir üslupla yazılmış metinler çok enderdir ve bunu ancak Gide gibi edebiyat ve müzik dillerine derinlemesine nüfuz edebilen nadir kimseler yapabilmiştir.[1]

Chopin'in eserlerinin icrası üzerine Gide'in görüş-

---

[1] Burada, André Gide'in *Chopin Üzerine Notlar* eseri hakkında *New York Times* gazetesinde ünlü piyanist Arthur Rubinstein'ın bir yazısının yayımlandığını da hatırlamak gerekli. Rubinstein yazısında, Gide'i bu kitaptaki görüşleri nedeniyle tenkit ederek uzman olmadığı bir konuda fikir yürüttüğünü söylüyor ve bunun kendisinin Shakespeare'in Hamlet karakterinin nasıl oynanması gerektiği hakkında konuşması kadar yersiz olduğunu ima ediyor. Kanımca Rubinstein yazısında bazı doğru şeyler söylemiş olsa da "Müzik konusunda sadece müzisyenler söz edebilir" gibi münakaşa götürür bir düşünceyle hareket ediyor. Gide'in bu yazıya bir cevap vermemiş olması anlamlı.

leri çok düşündürücü... Gerçekten, Gide'in dediği gibi, "Chopin, dünyada en fazla çalındığı halde en az anlaşılan" bestecidir. Örneğin, dar bir romantik çağ anlayışı içinde Chopin ve Liszt gibi taban tabana zıt iki bestecinin eserlerinin, kişilik ve yazı tarzlarındaki farklılıkları gözetilmeden, sadece aynı yüzyılın ve dönemin sanatçıları olduklarından çoğunlukla benzer şekilde icra edilmesi gerçekten büyük bir yanlış anlamaya yol açmıştır. Gide burada bazı esas müzikal sorunlara da ışık tutuyor. Örneğin, "Chopin'in karmaşık ve harmonik bakımdan çok zengin olan piyano yazısını, tonalite değişikliklerinin inceliğini duyabilip, duyurabilmek için zamana ihtiyaç vardır. Chopin'in müziği fazla hıza gelemez," diyor ve üzerinde durulması, düşünülmesi gereken önemli birçok soruna, müziğin özüne inen konulara, dikkatimizi çekiyor. Gide, bazı piyanistlerin gösteriş uğruna gereğinden hızlı çalma eğilimini kınarken, açıklamalı olarak yazsaydı şöyle diyebilirdi: "İcracı, seslendirdiği yapıttaki ani ton değişikliklerinin, kısa sürede uzak tonlara yapılan modülasyonlar gibi çetrefil noktaların dinleyici tarafından anlaşılıp içe sindirilmesi fırsatını verecek tempodan hızlı çalmamalı. Bu, Chopin yorumu için özellikle önemli bir hususustur."

Bu arada bazı yadırganabilecek fikirler de var *Chopin Üzerine Notlar* kitabında: "Schumann bir ozandır, Chopin'se bir sanatçı", "Chopin'in yapıtlarındaki sevinç, Schumann'ın biraz yüzeysel ve bayağı neşesine hiç benzemez," gibi. Şairlikle sanatkârlık arasında gördüğü farkı da Gide şöyle anlatır: "O besteciler (Bach'ı yine de bunlardan ayrı tutuyorum) bir heyecandan yola çıkıp sonra bu heyecanı dile getirmek için sözcükler arayan şairler gibidir. Oysa tam tersine, sözcüklerden yola çıkan Paul Valéry'nin yaptığı gibi, Chopin mükemmel bir sanatçı olarak notalardan yola çıkar (aslında doğaçlama yaptığının söylenmesine yol açan bir unsur da budur). Fakat Valéry'den fazlası şudur: Görkemlilik düzeyine çıkarttığı bu çok basit veriyi, hemen tam anlamıyla insani bir duyguyla doldurur."

"Schumann'ın ve başka bestecilerin bir heyecan sonucu bunu en iyi ifade edecek notaları aramaları, Chopin'in ise notalar vasıtasıyla bu heyecana vardığı", oldukça değişik bir düşünce tarzı ama bence pek ikna edici değil. Chopin'in birçok eserini o andaki ruh halinden esinlenerek yazdığı bilinir. Bir günce gibi bütün yaşamına yayılan mazurkaları buna örnektir. Schumann'ın eserleri de notalardan başlayıp insani duygulara varır ve bestecinin bu çalışma tekniğinde birkaç notalık ufak bir hücreden yararlanıp onu çoğaltmaya götürerek büyük bir eser yaratmak vardır. Burada acaba kim şairdir, kim sanatçı? Böyle bir sorunun cevabını bulmak çok güç ve belki gerekli de değil.

Chopin'in *Op. 61 Polonez-Fantezi* ve *Op. 49 Büyük Fantezi* eserlerini Gide pek sevmediğini söylüyor ve bunları büyük dinleyici kitleleri için yazılmış gösteriş parçaları olarak nitelendiriyor. Gerçekte bunların aynı zamanda Mazurkalarla birlikte Chopin'in kişiliği hakkında en fazla bilgi veren eserler olması ilginç. Cortot' nun söylediğine göre *Büyük Fantezi*, George Sand ile Chopin arasındaki fırtınalı ilişkiyi dile getirir. *Polonez-Fantezi* de çok özgün bir form sunar. Sık sık arka planda işitilen Polonez ritmi fantezinin fazla fanteziye kaçmasını önler. Eser ilerledikçe Polonez ritmi zayıflar ve bu dansın belirgin ikili ritminden uzaklaşıp saplantılı bir şekilde üçlü ritme dönüşerek kaybolur. *Polonez-Fantezi*, kanımca, Chopin'in Leh köklerinden kopuşunu, bunu önlemek için verdiği çabayı, zamanla gerçek Leh hüviyetinden uzaklaşmasını ve bu sorunun kendisi için bir saplantı haline gelmesini açık şekilde anlatıyor gibi. Bu nedenle *Polonez-Fantezi* Chopin'in anlaşılması zor, en ilginç yapıtlarından biridir. Chopin'in gençlik eserlerinden *Op. 5 Rondo à la Mazur* da Leh-Fransız ikilemesinden kaynaklanır. Bu *Op. 5* ve *Op. 61* eserleri arasındaki ilişki çok anlamlıdır. Chopin'in yaşamının başında ve sonuna doğru bestelediği bu iki eserde Rondo ve Fantezi formlarının belkemiğini Mazurka ve Polonez gibi tipik Leh dansları teşkil eder.

Gide üzerine 1951 yılında, ölümünden bir ay önce çekilmiş belgesel filmin sonunda yazarın, genç bir piyanist hanıma verdiği piyano dersi gösterilir. Gide·burada söze: "Hayatım boyunca hiç kimseyle ve hiçbir yazar ve kompozitörle geçirmediğim kadar uzun zamanı Chopin'le geçirdim," diye başlar. Sonra, *1. Scherzo'* nun son derece ilginç ayrıntılarına piyanistin dikkatini çeker. Bu arada eserin bütünlüğü ve ürkütücü karakteri üzerinde durur. Bazen söylediklerinin daha iyi anlaşılması için kendisi de çalar. Buralarda, piyanoda elde ettiği tınının kalitesi olağanüstüdür. Bu dersin bir ilginç yanı, Nadia Boulanger'nin bana verdiği dersleri anımsatması. Gide'in ders veriş tarzı; o nefis, artık ne yazık yok olan güzel Fransızca konuşma sanatıyla müziği anlatması; hep daha derine, daha katıksızlığa doğru yönelişi ve bunun çabası. Dersin bitimine doğru genç piyanistin çalışı belirli biçimde iyileşir ve Gide ona, "Sizinle uzun çalışırsak bir sonuca belki varabiliriz," der. Bu ders sırasında Gide XIX. asrın büyük piyanistlerine de değinir, Paderewski'nin olağanüstü Chopin yorumlarından söz eder ve 12 yaşındayken (1892) Paris'te Rubinstein'ın konserlerini dinlediğini anlatır – O Rubinstein'ın (Anton) bugünkü (Arthur) olmadığını da iğneli biçimde ilave eder.[2]

Hocam Nadia Boulanger evinin bekleme odasına

---

[2] Bkz. s. 9.

iki büyük yazarın fotoğraflarını koymuştu. Bunların biri Paul Valéry'nin diğeri de André Gide'inkiydi. Gide güncesinde Nadia Boulanger'nin Chopin Prelüdleri icrası konusunda yazdıklarıyla hemfikir olmasına ne kadar memnun olduğunu anlatıyor. Gide, belgesel filmde de belirttiği gibi, yaşamı boyunca Chopin üzerinde çok çalışmış, düşünmüş. Bu kitabında yazdıklarını çok taraflı bir deha olan Chopin'in bir yönüne teksif ediyor ve bunu büyük bir derinlikle anlatıyor.

Çevirenin Açıklaması

1869-1951 yılları arasında yaşayan André Gide'in eserlerinin pek çoğu yıllar önce dilimize çevrilmiştir. *Chopin Üzerine Notlar* ise ilk yayımlanışından altmış yıl sonra Türkçe okunabilecek. Önceliği *Dar Kapı*'nın, *Kalpazanlar*'ın, *Isabelle*'in, *Dünya Nimetleri*'nin ve denemelerinden yapılmış seçmelerin almış olması doğal karşılanmalıdır.

Ayrıca bu yapıtın çevirisinin kimi güçlükler içerdiğini de kabul etmek gerek. Chopin'in eserleri bu yapıtta ileri derecede teknik bir yaklaşımla irdeleniyor. Nitekim piyanist Arthur Rubinstein, bu Türkçe basımın önsözünde İdil Biret'in sözünü ettiği eleştirisinde, şunları yazıyor: "Bay Gide, kitabının büyükçe bir bölümünde bize, gururlu, aşırı titiz ve hırçın bir piyano dersi izlettiriyor." Bu teknik çözümlemeler, bu "ders", çevirmeni caydırıcı niteliktedir.

Öte yandan müzik terminolojisi, Batı ekin küresinden alınan, aktarılan, esinlenen birçok başka bilgi ya da sanat dalı terminolojisine göre Türkçeleşmede ve dile yaygın biçimde yerleşmede daha belirgin sıkıntılar çekmiştir. Bu da belki, müziğin kendiliğinden bir dil oluşundan ve giderek onun taşıyıcısı bir başka dile daha az gereksinim duymasından kaynaklanabilir. Sonuçta önerilen karşılıklar konusunda, ilgililer arasında bir oydaşmaya varılamamış, hatta kimi Türkçeleştirme çabaları küçümsenmiştir. Bu durum da, özenli bir çeviri çabası için herhalde caydırıcı olsa gerek.[1]

Kuşkusuz *Notlar*, Gide'in eserleri arasında en önde gelenlerden biri değildir. Doğal olarak edebi nitelikleri yüksek olsa da, doğrudan bir edebiyat yapıtı sayılmaz. Ama yazarın gönülden bağlandığı ve diğer bütün bestecilere yeğlediği anlaşılan bir bestecinin yapıtlarının yorumu konusunda görüşlerini içeren bu kitap, herhalde piyanistler ve genel olarak müzikseverler için önem taşımış, tartışılmış, olumlu olumsuz kimi tepkilere yol açmıştır. Dolayısıyla, onlarca dünya çapında piyanist yetiştirmiş, şunca konservatuarında bunca müzik öğrencisi bulunan ülkemizde, bu eserin yayımlanma zamanı şimdi kesinlikle gelmiştir.

Gide'in, Chopin'in eserlerinin çalınışı konusundaki düşüncelerini değerlendirmeyi piyanistlere ya da müzik eleştirmenlerine bırakmak gerekir kuşkusuz. Bu konuda değişik tepkiler görülmüştür. Onu övenler kadar yerenler de vardır. Ancak, herhangi bir değerlendirmeye girişirken bu düşüncelerin XX. yüzyılın ilk yarısında, yazıya döküldüğünü akıldan çıkarmamak gerekiyor. Sonraki yarım yüzyılda, genel olarak icra biçimlerinde önemli değişiklikler ortaya çıkmış sayılabilir. Ama kabul etmeli ki bu okuma, kimi sorulara yönlendiriyor okuyanı. Gide'in sözünü ettiği ve hoş görmediği "etki yaratma" çabası, üstelik sadece piyanoda değil, bütün sazlar için, göreceli yaygınlığını korumuyor mu? Sonra Chopin çalınırken sezmek istediği o duraksama, o arayış, o kararsızlık, doğaçlama iz-

---

[1] Bu çeviride de, örneğin yapıt türlerinin adlarının yazımı konusunda, (*ballade*, *scherzo*, *nocturne*, *prélude* vd.) okuyucunun dikkatinden kaçmayacak duraksamalar, farklılıklar mevcuttur. Çevirmen, neden noktürn'ü, prelüd'ü Türkçe okunduğu gibi yazıp da, *scherzo*'yu okunduğu gibi (skertso) değil İtalyanca yazdığının hesabını verecek durumda değildir. Tek savunması Türkçe müzik yazınındaki yaygın kullanımı esas aldığını söylemek olacaktır.

lenimini veren o yorum çok çağdaş sayılmaz mı? Acaba Gide'in bu yaklaşımı, geçen yüzyılın ikinci yarısında kimi yorumcuları etkilemiş, olabilir mi? Olmaması mümkün mü? En azından, okuyanları yorumları konusunda düşündürdüğü kesindir.

Ama bu kitap ayrıca, duyarlı bir amatörün içten tepkileri, kişisel yorumu, tercihlerinin coşkulu bir dışavurumu olarak da okunabilir. O zaman edebiyat yapıtı niteliği bütün parıltısıyla ortaya çıkar.

· Bu çeviri, yazarın ölümünden iki yıl önce yayımlanan 1949 tarihli orijinal basımdan yapılmıştır. Eserin 1983 tarihli bir yeni basımı da mevcuttur. İki basım arasında fark görülememiştir.

1949 yılında basılmış *Notlar*'da, Gide'in bu eserde yer alan görüşleri konusunda, Édouard Ganche'ın ona 2 Ocak 1932 tarihinde yazdığı bir mektubun yer alması ve 8 Ocak 1939 tarihli *Günce* yaprağında, Nadia Boulanger'nin Gide'in görüşlerini paylaştığı yolunda bir ifadenin bulunması okuyucuyu şaşırtabilir. Nasıl oluyor da kitap yayımlanmadan bu değerlendirmeler dile getirilebiliyor sorusu akla gelebilir. Açıklaması şudur: *Notlar,* kitap olarak basılmazdan önce 1931 yılında *Revue Musicale*'in Aralık sayısında ve daha sonra 1938'de *Revue Internationale de Musique*'te yayımlanmıştır. Dolayısıyla Bay Ganche ve Bayan Boulanger'nin değerlendirmeleri dergilerdeki o yayımlara dayanmaktadır, kitaba değil.

Çeviri sırasında Ankara Devlet Konservatuarı öğretim üyelerinden, değerli besteci ve müzik eğitimcisi Nejat Başeğmezler'in bilgisinden yararlandım. Kendisi hem yol boyunca, çeviri sırasında karşılaştığım kimi güçlüklerin aşılmasında anında destek verdi, hem de, çeviri bittikten sonra, tamamını okudu ve çok yararlı eleştiri ve öneriler getirerek hatalarımın herhalde büyük bir bölümünü düzeltti. Kendisine teşekkür ederim. Kalmış olabilecek hatalardan da sadece ben sorumluyum.

Ömer Bozkurt

Armağan

Bu sayfaları Monte Cassino Manastırı'nın yöneticisi başrahibin anısına armağan ediyorum. Kendisi, savaştan[1] birkaç yıl önce beni o ünlü manastırda ağırlamıştı. Bakın nasıl oldu:

Roma'da tanıştığım Dom Adelberto Gresnitch, büyük bir nezaket göstererek beni, kısa bir süre için Monte Cassino'ya çekilmeye davet etmişti. Kendisiyle birçok ortak dostumuz vardı; bunlardan biri kısa bir süre önce onun bir portresini yapan Maurice Denis idi. Hollanda kökenli Dom Adelberto, birçok dili rahatça konuşurdu. Çok bilgiliydi, onunla söyleşmek insanı büyülerdi. Davetini hemen kabul etmiştim.

Aziz Benedictus tarikatı konukseverdir; bu nedenle manastırın bazı odaları ve mekânları gezginlere ayrılmıştır. Ama Dom Adelberto, çok doğru biçimde, benim için, manastır yaşamını yakından paylaşmanın daha ilginç olacağını düşünmüştü. Böylece bana bir hücre ayrılmasını ve yemeklerimi de gezginlerle değil, tarikatın büyük yemekhanesinde yememi sağladı. Monte Cassino'da sadece üç gün geçirmeyi düşünüyordum; oysa o günler öylesine öğretici, büyük hücrenin manzarası öylesine güzel, Aziz Benedictus tarikatı üyeleri arasında bulunmak öylesine hoştu ki, onların yanında unutulmaz bir hafta geçirdim.

---

[1] İkinci Dünya Savaşı. (Ç.N.)

Manastıra gelir gelmez, başrahibi ziyaret ederek saygılarımı sunmam gerekirdi, ama hastaydı ve beni hemen kabul edemeyeceği haberini iletmişti. Ancak, oradan ayrılacağım günün sabahında kendisine şükranlarımı ifade etme olanağını buldum. Bu nezaket ziyareti bana bir angarya gibi geliyordu ve doğrusunu isterseniz hayli çekiniyordum. Böylece, başrahibin beni beklemekte olduğu ve Dom Adelberto'nun beni tanıştırdıktan sonra kendisiyle yalnız bıraktığı büyük odaya titreyerek girdim.

Başrahip çok yaşlıydı. Alman kökenliydi, hem İtalyanca'yı hem Fransızca'yı hayranlık uyandıracak kadar iyi konuşuyordu; ama ben ona ne söyleyebilirdim? Büyük bir koltukta oturuyordu; güçsüzlüğü ayağa kalkmasını engelliyordu. Beni yanına oturttu. Öylesine kibardı ki, kendimi çabucak rahatlamış hissettim. İlk nezaket cümlelerinden sonra hemen müzikten konuşmaya başladık.

"Müziği sevdiğinizi biliyorum," dedi Dom Adelberto, "ve manastırdan birkaç kişiyle birlikte bu son akşamların hepsinde müzik yaptığınızı da. Size katılamamış olmaktan çok üzüntü duydum, çünkü müziği ben de çok severim. Bizim kötü piyanomuzdan iyi sonuçlar elde ettiğinizi söylediler bana. Ben de piyano çalardım. Ama çok zamandır bırakmak ve çalmadan okumak zorunda kaldım. Müziği böyle sessizce okumak ve imgelemde duymak ne müthiş bir keyiftir bilir misiniz? Evet, yatakta uzanıp kalmak zorunda olduğum zamanlar, ki bu çok sık oluyor, Kilise Babaları'nın[1] kitaplarını ya da başka kitapları değil, notaları getirtiyorum."

---

[1] VI. yüzyıl ve öncesinde, Hıristiyanlığın ilk dönemlerinde yaşamış büyük piskoposlar ve öteki büyük din bilginlerine verilen ad. (Y.N.)

Bir an için sustu, kendisini dinlediğimden emin olmak istedi ve ardından:

"Hangilerini getirtiyorum dersiniz? Hayır, Bach'ın eserlerini değil, hatta Mozart'ınkileri bile değil... Chopin'in eserlerini," dedi ve ekledi: "Müziklerin en katıksızı onunkidir."

"Müziklerin en katıksızı." Belki, söylemeye ancak cesaret edebileceğim işte buydu ve bunun, böylesine önemli ve yaşlı bir din görevlisinin bütün yetkesiyle söylemiş olmasını önemsiyorum. Bunlar hayret verici sözlerdir; ama Chopin'in müziğinin, icracıların bize konserlerde sunduğu gibi parıltılı ve dinsellikten uzak bir müzik olmadığını (ya da, en azından sadece o olmadığını) bilenler bu sözleri anlayacaklardır.

Ama bu sözlerin en şaşırtıcı yanı, bir Alman tarafından söylenmiş olmalarıdır; çünkü bana öyle geliyor ki, bundan daha az Germen nitelikli bir müzik olamaz. Barrès müzisyen olsaydı eğer, Chopin'in Nancy'deki köklerine dayanarak onu hemen bir Lorraine'li saymaz mıydı? Chopin'in yapıtlarında Polonya kaynaklı bir esin, bir çağlayış olduğunu bilsem de, kumaşında bir Fransız dokusu, bir Fransız tarzı bulmak hoşuma gidiyor. Çok mu ileri gidiyorum? İsterseniz, bestelerinde doğrudan Fransa'ya bağlanacak hiçbir şey bulunmadığını, ama Fransız zihniyetiyle, Fransız kültürüyle sürekli temasının onu, Slav dehasının işte tam da en Germen karşıtı niteliklerini vurgulamaya götürdüğünü kabul edelim.

Böylece ben, Wagner'in karşısına, Nietzsche'nin biraz da alaycı bir tavırla yaptığı gibi Bizet'yi değil de Chopin'i koymak isterim. Eğer bana, Wagner'in eserlerinin muazzam kütlesiyle onunki arasında gülünç bir orantısızlık bulunduğu, onun dev eserlerinin yanında

21

Chopin'in eserlerinin pek küçücük kaldığı söylenirse, onları öncelikle işte bu yanlarıyla zıtlaştıracağımı belirtir ve Wagner'in yapıtlarının önce bu dev boyutlarıyla Germen niteliğini ortaya koyduğunu eklerim. Bu büyüklüğü, sadece her eserin insanlık dışı uzunluğunda değil, ama her türlü aşırılıkta, ısrarda, kullandığı çalgıların sayısında, seslerin zorlanışında, başvurduğu yersiz coşkularda da seziyorum. Chopin'e gelinceye kadar müzik öncelikle duyguları dışa vuracak, heyecanı mümkün olan en geniş ve en yoğun biçimiyle sergileyecek biçimde yapılırdı. İşte Chopin, bunun aksine, her türlü gösterişten uzaklaşan ilk bestecidir. İfade araçlarını sadece vazgeçilmez olanla sınırlamak, onların sınırlarını daraltmak, Chopin'in tek endişesi gibi görünür. Heyecanını, örneğin Wagner gibi notalara yüklemek yerine, her bir notaya heyecan yükler, hatta sorumluluk yükler diyebilirim. Ondan daha büyük müzisyenler kuşkusuz varsa da, ondan daha mükemmeli yoktur. Öyle ki, kendi türünde Baudelaire'in şiirlerinden hiç de daha oylumlu sayılamayacak Chopin'in eseri, onu meydana getiren en iyi parçaların içerdiği yoğun birikim ve anlam bakımından *Elem Çiçekleri* ile kıyaslanabilir ve yine bu nedenle her biri yarattığı olağanüstü etki açısından eşdeğerdir.

Chopin Üzerine Notlar

Chopin Üzerine Notlar'ı yazacağımı, daha 1892 yılında, neredeyse kırk yıl önce belirtmiştim. Doğrusu istenirse, o tarihte yazmayı düşündüğüm "Schumann ve Chopin Üzerine Notlar"dı. Bugünse, bu iki adın bir araya getirilişi bende, "Goethe ve Schiller" karşısında Nietzsche'nin duyduğunu belirttiği türden bir rahatsızlık yaratıyor. O tarihte, Schumann üzerine de çok şey söylenebilir gibi geliyordu bana, ama söylenebileceğini sandığım bu şeyler gittikçe daha önemsiz göründüler.

Schumann bir ozandır, Chopin ise bir *sanatçı;* bu ikisi birbirinden de çok farklıdır, bu konuda görüşümü ilerde açıklayacağım.

Ama başka hiç kimseninkine benzemeyen tuhaf bir kaderi olmuştur Chopin'in: Onun eserlerini icra edenler, daha çok tanınması için çaba harcadıkça o daha az anlaşılmıştır. Bach, Scarlatti, Beethoven, Schumann, Liszt ya da Fauré şöyle ya da böyle yorumlanabilir. Güzelliklerini biraz bozsanız da, anlamlarını saptırmazsınız. Ama sadece Chopin'e ihanet edilebilir, sadece onun eseri kökünden, özünden, bütünüyle çarpıtılabilir.

Siz hiç, Baudelaire'in şiirlerini, yüksek sesle, Casimir Delavigne okur gibi okuyan tiyatro oyuncularına rastladınız mı? Onların yaptığı da Chopin'i, sanki Liszt çalarmış gibi yorumlamak oluyor. Farkı anlamazlar. Böyle sunulacaksa eğer Liszt çok daha iyidir. Hiç olmazsa virtüöz onun eserlerinde neyi yakalaması, neye bağlanması gerektiğini bilir; Liszt yorumcu vasıtasıyla, kendisine ulaşılmasına imkân tanır. Oysa Chopin yorumcudan uzaklaşır gider ve bunu öylesine incelikli biçimde yapar ki, dinleyici hiç farkına varmaz.

Piyanosunun başında Chopin sanki hep doğaçlama yapar gibiydi diye anlatılır; başka bir deyişle, sürekli olarak zihnindeki bir düşünceyi arar, yaratır, biraz biraz keşfeder gibiydi. Onun için eseri bize, adım adım giderek oluşmaktaymış gibi değil de, daha baştan mükemmel, kesin, nesnel bir bütünmüş gibi sunulursa eğer, o türden sevimli duraksamalar, beklenmedik hoşluklar yok olur gider. Chopin'in, eserlerinin en güzellerinden bazılarına vermeyi yeğlediği *impromtu*[1] başlığının bundan başka bir anlamı olabileceğini düşünemiyorum. Bestecinin bunları gerçek anlamıyla doğaçlayarak yarattığını kabul etmenin mümkün olduğunu sanmıyorum. Kesinlikle hayır. Ama önemli olan, öyle oldukları izlenimini verecek biçimde, yavaş demeye dilim varmıyor ama bir tereddüt içinde çalınmalarıdır; en azından hızlı bir bölümün getirdiği o çekilmez güven duygusu olmamalıdır. Bu bir keşif gezintisidir ve icracı, biraz sonra anlatacaklarını önceden bildiği ve bütün bunların zaten yazılı olduğu izlenimini hiç vermemelidir. Parmaklarının ucunda yavaş yavaş oluşan müzik tümcesinin, icracının bizzat kendisinden kaynaklandığı, hatta onu şaşırttığı ve bizi de o hayranlığını paylaşmaya çağırmakta olduğu sanısına kapılmayı isterim. Enerji dolu ve fırtına gibi *La minör Etüt* (ikinci defterin 2. eseri) türünden bir *di bravura*[2] parçasında bile eğer

---

[1] (Fr.) Genellikle piyano için yazılan, serbest formlu, doğaçlama nitelikli kısa beste. (Y.N.)

[2] (İt.) Cesaret isteyen, cesaret gösterisi. (Ç.N.)

siz heyecan duymuyorsanız ve siz piyanist, beklenmedik bir anda la bemol majörle başlayıp ve hemen ardından mi majöre –kasırgayı ve ansızın bastıran sağnak yağışı umulmadık biçimde delip geçen ani güneş ışını demetine– geçerken duyduğunuz heyecanı bana hiç hissettiremiyorsanız, güveninizle bana bunu önceden bildiğinizi ve her şeyin zaten önceden tasarlanmış olduğunu sezdiriyorsanız, ben neden heyecan duyayım? Chopin'de hiçbir zaman sıradan ve beklenir olmayan her ton değişimi bu tazeliği, fışkıran yeniliğin neredeyse ürkek coşkusunu, serüvene yatkın ruhun, önceden belirlenmemiş ve manzaranın sadece yavaş yavaş belirginleştiği yollarda yaşadığı o hayranlıkla bakakalmanın sırrını saklamalı, korumalıdır.

İşte gene bu nedenle, Chopin'in müziğinin hemen her zaman alçak sesle, neredeyse fısıldar gibi, hiçbir parıltı aramaksızın (tabii *scherzo* ve *polonez*'lerin birçoğu dahil kimi atılgan parçaları bunun dışında tutuyorum) ve yapıtın bütün güzel görünümünü yok eden, virtüözün o çekilmez özgüveni olmaksızın çalınmasını isterim. Kendisini dinleyebilmiş olanların bize anlattıklarına göre Chopin de böyle çalarmış. Her zaman, en dolgun sesin berisinde kalırmış; demek istediğim, hiçbir zaman piyanonun sesini sonuna kadar zorlamaz ve bu nedenle de çoğu zaman dinleyicilerini hayal kırıklığına uğratırmış. Dinleyiciler "paralarının karşılığını alamadıklarını" düşünürlermiş.

Chopin önerir, varsayar, sezdirir, sevdirir, inandırır; hiçbir zaman kesinlemez, kestirip atmaz.

Çekingenliği ve kararsızlığı arttıkça, biz onun düşüncesini daha iyi dinleriz. Laforgue'un Baudelaire'de övdüğü o "günah çıkarır gibi ses"i düşlüyorum.

Chopin'i sadece fazla yetenekli virtüözlerden dinleyenler, onu etkileyici parıltılı parçalar besteleyen biri gibi görebilirler... Oysa, eğer ona sorabilmiş olmasaydım ve o da bana alçak sesle: "Onları dinlemeyiniz. Onların aracılığıyla artık hiçbir şey söyleyemezsiniz. Beni yorumlayış biçimleri sizden çok beni üzüyor. Olmadığım gibi görünmektense bilinmemeyi yeğlerdim" demiş olmasaydı, ondan nefret ederdim.

Kimi dinleyicilerin, kimi ünlü Chopin yorumcularını dinlerken kendilerinden geçmeleri beni rahatsız ediyor. Bunda sevecek ne bulurlar? O icralarda gösterişten, esere yabancılıktan başka bir şey yok. Rimbaud'nun sözünü ettiği kuşun ötüşünde olduğu gibi, "sizi hareketsiz bırakan ve yüzünüze ateş basmasına yol açan" hiçbir şey yok.

Beethoven'in Michelangelo'ya, Mozart'ın Il Correggio'ya, Giorgione'ye vd'ne benzetildiğini sık sık duymuşumdur. Her ne kadar farklı sanat dallarında ürün veren iki sanatçıyı karşılaştırmanın oldukça anlamsız olduğunu düşünsem de, Chopin hakkında ileri sürdüğüm düşüncelerin Baudelaire'e de uyduğunu,

Baudelaire için düşündüklerimin ise Chopin için doğru olduğunu söylemekten geri duramıyorum. Öyle ki, daha şimdiden, Chopin'den söz ederken Baudelaire'in adı birçok defa, doğallıkla çıkıverdi kalemimden. Chopin'in eserleri için "hastalıklı müzik" denilirdi. *Elem Çiçekleri* içinse "hastalıklı şiirler" denir; eminim ikisi için de aynı nedenlerden ötürü böyle söyleniyor. Bunların her ikisinde de benzer bir mükemmeliyet arayışı vardır, retorikten ve abartıdan aynı ölçüde nefret ederler, ama özellikle belirtmek istediğim, ikisinin de beklenilmedik unsurların etkisini ve bu etkiye yol açan sıradışı kestirmeden söyleyişleri aynı biçimde kullandıkları yolundaki düşüncemdir.

Chopin, *Sol Minör Balad*'ın başlangıcında, giriş parçasından (introit) hemen sonra, sadece tonik ve beşlinin verildiği *fa* sesi üzerinde birkaç kararsız ölçünün ardından, daha sonra başka tonlarda ve yeni tınılarla yeniden döneceği ana temayı sergilemek için, bir sihirbazın sihirli değnekle yaptığı gibi, manzarayı birdenbire değiştiren, derin bir *si* bemol düşürür; bu büyücü cesareti, bana *Elem Çiçekleri*'nin şairinin kimi şaşkınlık verici kestirmeden gidişleriyle kıyaslanabilir gibi geliyor.

Dahası, bana öyle geliyor ki, Chopin'in müzik tarihindeki yeri, Baudelaire'in şiir tarihindeki yerine aşağı yukarı denktir (ve Chopin onun oynadığı rolü oynar); her ikisi de önceleri, üstelik benzer nedenlerle anlaşılamamışlardı.

Yanlış bir kanıyla mücadele etmek ne kadar zor! Virtüözlerin Chopin'inden başka bir de genç kızların Chopin'i vardır. Aşırı duygusal bir Chopin. Ne yazık ki gerçekten öyleydi; ama sadece duygusal da değildi. Evet, kabul ediyorum, kederli bir Chopin vardır ve piyanodan hıçkırıkların en kederlisini duyurur. Ama bazılarına kulak verecek olursanız, minör tonların dışına hiç çıkmamış sanırsınız. Benim sevdiğim ve övdüğüm, işte bu hüzünden geçerek, onun ötesinde gene de sevince ulaşmasıdır; çünkü Chopin'de egemen olan sevinçtir (Nietzsche bunu çok iyi sezmişti); bu sevinç, Schumann'ın biraz yüzeysel ve bayağı neşesine hiç benzemez, Mozart'takine yaklaşan bir mutluluktur bu, ama daha insancıldır, doğanın bir parçasıdır ve Beethoven'in *Pastoral Senfoni*'sinde dere kıyısı sahnesindeki o tarifi imkânsız tebessüm kadar manzarayla uyum içindedir. Debussy'ye ve kimi Rus bestecilerine gelinceye kadar müziğin ışık oyunlarıyla, suyun, rüzgârın, yaprakların fısıltılarıyla, bu denli iç içe olduğunu sanmıyorum. Chopin, *sfogato*[1] diye kayıt düşer; herhangi bir başka besteci hiç bu sözcüğü kullanmış, *Barkarol*'ün orta yerinde, umulmadık biçimde ritmi keserek tazelik ve güzel rayihalar getiren bu ferahlığı, bu bir anlık esintiyi belirtmek arzusu, ihtiyacı duymuş mudur?

Chopin'in müzik tümceleri ne kadar yalındır! Bunlar, kendisinden önce hiçbir bestecinin yaptıklarıyla kıyaslanamaz. O besteciler (Bach'ı gene de bunlardan

---

[1] (İt.) Fısıldar gibi, kısık sesle. (Ç.N.)

ayrı tutuyorum) bir heyecandan yola çıkıp, daha sonra bu heyecanı dile getirmek için sözcükler arayan şairlere benzer. Oysa Chopin, tam tersine sözcüklerden yola çıkan Paul Valéry'nin yaptığı gibi, mükemmel bir sanatçı olarak notalardan yola çıkar (aslında "doğaçlama" yaptığının söylenmesine yol açan bir unsur da budur); ama Valéry'den fazlası şudur: Görkemlilik düzeyine çıkarttığı bu çok basit veriyi, hemen, tam anlamıyla insani bir duyguyla doldurur.

Evet, Chopin, –bunu belirtmek çok önem taşır– kendini notaların güdümüne ve esinine bırakır; her bir notanın ifade gücü üzerine düşüncelere dalmış gibidir. Şu notanın ya da bu çift notanın, üçlü ya da altılı perde aralığının dizi içindeki konumuna göre başka başka anlamlara kavuştuğunu duyumsar ve pes sesin beklenmedik bir değişimiyle, ona ilkin söylediğinden farklı bir şey söyletir. Onun ifade gücü işte bundan kaynaklanır.

İtiraf ederim ki, Chopin'in kısa parçalarına koyduğu *Prelüdler* başlığını pek iyi anlayamıyorum. Neyin prelüdü? Bach'ın her prelüdünü bir füg izler; onunla bir bütün oluşturur. Oysa Chopin'in prelüdlerinden herhangi birini, aynı bestecinin eseri bile olsa, aynı tonda bir başka parçasının izlemesini, Chopin'in bütün prelüdlerinin hemen birbiri ardı sıra çalınmasından daha fazla sevinçle karşılayacağımı düşünemiyorum. Bunlardan her biri bir tefekküre başlangıçtır; konser için bestelenmiş parçalardan başka bir şey değildirler; başka hiçbir yerde Chopin, bunlarda olduğundan daha fazla yüreğini açmamıştır. Her biri ya da hemen hepsi (ki bazıları fevkalade kısadır) özel bir atmosfer yaratır, bir duygusal dekor düzenler, sonra

bir kuşun konması gibi durulur. Her şey susar.

Her prelüd aynı ölçüde önemli değildir. Kimileri sevimli, kimileri korkunçtur. Ama hiçbiri dinleyeni kayıtsız bırakmaz.

Chopin'in bütün besteleri içinde *Birinci Prelüd*, yanlış anlaşılmaya en müsait olanıdır; en kolayca zedelenebileceklerden biri, kötü çalınışı bana en korkunç gelenidir. Parçanın başında yazılı olan o *agitato* sözcüğünden ötürü, istisnasız bütün yorumcular (en azından benim bildiklerim) bu eserde, coşkulu ve düzensiz bir icraya girişirler. Sorarım size, bu defterin daha en başında, en berrak tonda, Chopin'in böylesine taşkın bir gösteri istemiş olması mümkün müdür? Do majör tonundaki, o son derece dingin *Birinci Etüt*'ü düşünün. *Clavecin bien tempéré*'deki[1] do majör iki prelüdü anımsayın; ne kadar arıdır, sükûnet doludur; ne kadar aydınlık bir dingin cümledir! Bach'ın org için bestelediği aynı tondaki prelüdlerini düşünün; bunların olağan dışı *introit* niteliğini anımsayın. Ben Chopin'in bu prelüdünü Bach'ınkilerle bir tutmak iddiasında değilim. Ama gene de defterin en başında, çok yalın bir tür giriş, bir tür çağrı görmek hoşuma gidiyor. Bach'ın *İyi Düzenlenmiş Klavye*'sindeki birinci prelüd gibi, Chopin'in bu eseri de ilkin çok arı bir tümceyle başlar; bu tümce ancak ilk nefes alıştan sonra tam olarak gelişecektir. İlk atılım, Bach'ta dört ölçülük, Chopin'deyse sekiz ölçülük mükemmel bir çember oluşturur ve başlangıç noktasına geri döner; ardından, bu kez daha tam bir döngü yaratmak için yeniden başlar. İlki, sonrakinin olabilirliğini belirtir sadece. Doyulmaz güzellikteki bu sunuştan böylesine bir karmaşa yaratabilmek, işte bir virtüözün başarabildiği ve beni şaşkınlığa düşüren bir beceridir. Tam tersine bu parça kolayca çalınmalıdır; o

---

[1] J. S. Bach'ın *İyi Düzenlenmiş Klavye* olarak bilinen, *Das Wohltemperierte Klavier* adlı eseri. Gide, *Clavecin bien tempéré* olarak anmış. Kitabın sonraki bölümlerinde bir karışıklığa olanak vermemek için eserin adı, *İyi Düzenlenmiş Klavye* olarak kullanılacaktır. (Ç.N.)

çalışta hiçbir gerilim, hiçbir zorlanma duyulmamalıdır. Ondaki o ölçülü şarkıyı, elin son iki parmağının çaldığı tiz seslere terk etmemek iyi olur. Bu parmaklar aslında, Chopin'in "hafifçe ve incelikle"[1] çalınması işaretini koymak gereğini duyduğu orta partideki şarkıyı sesteş olarak tekrarlamaktadır. Bu "hafifçe ve incelikle" işaretine çoğu zaman uyulmamaktadır; oysa en önemlilerinden biridir. Evet, bu parça (genellikle fırtına derecesine yükseltilen *agitato*'ya rağmen) bütünüyle güzel ve sakin bir dalgadan ibaret gibidir, kendisinden önce gelen diğer küçük dalgayla birlikte, keyif içinde yorgun düşen bir çalkantıyla sona erer.

Eñ çok bu küçük parça için geçerli olduğuna göre şimdiden söylemenin sakıncası yok: Chopin çalarken, icracı, çoğunlukla fazla hızlı bir tempo "benimser" (burada, olması gerekenin yarısı kadar fazla hızlıdır). Acaba neden? Chopin'in müziği özünde fazla güç olmadığı halde, belli bir ustalık düzeyine ulaştıktan sonra hızlı çalmak, sanki yavaş çalmaktan çok daha güçmüş gibi, piyanistin kendini gösterme arzusundan kaynaklanıyor olabilir mi? Özellikle de gelenek bunu gerektirdiği için. Sonunda, ilk kez bir icracı, Chopin'in müziğini ona uygun bir tempoda, *alışılmış olana kıyasla çok daha yavaş*, çalma *yürekliliğini* gösterdiğinde (çünkü bunun için yürek gerekir), ilk kez eseri gerçekten anlaşılır kı-

---

[1] (Fr.) Tenu. (Ç.N.)

lacak, ve bu yolla dinleyicilerinde duygulu bir kendinden geçme yaratacaktır; Chopin'in yaratmayı hak ettiği de işte bu etkidir.

Ortalama icralarda, bütün virtüözlerin çaldıkları biçimiyle, geriye bir tek *etkileyicilik* kalır neredeyse. Gerisi, özellikle önemli olan yanı hiç görünmemektedir: Hiçbir notanın ihmal edilemeyeceği, içinde hiçbir retoriğe, hiçbir fazlalığa yer olmayan, birçok başka bestecinin müziğinde sıkça karşılaştığımızın tersine, (ki, bunların arasında en büyüklerini de sayabilirim) hiçbir şeyin sadece dolgu görevi yapmadığı bir eserin gizi.

Sinemada ağır çekimde gösterildiğinde, insanın ya da hayvanların kimi devinimlerinin şaşırtıcı güzelliğini görebiliriz; oysa hızlı gösterimde bunlar fark edilmez. Burada söz konusu olan Chopin müziğinin *temposunu* aşırı ölçüde yavaşlatmak değildir (aslında bu da yapılabilir). Söz konusu olan sadece onu hızlandırmamak, nefes alıp verme gibi rahat, doğal devinimine bırakmaktır. Ben, Chopin'in yapıtının başına, Paul Valéry'nin şu eşsiz dizelerini koymak isterdim:

Daha ince sanat var mıdır,
bu yavaşlıktan?

Söylemek bile gereksiz, Chopin'in birçok parçası (özellikle *scherzo*'lar ve sonatların son bölümleri) olağanüstü hızlı akışlıdır; ama genellikle, her virtüöz, Chopin'in nerdeyse bütün bestelerini hiçbir ayrım yapmaksızın mümkün olan en hızlı biçimde çalmaktadır; benim korkunç bulduğum da işte budur. Ne olursa olsun, Valéry'nin bu dizeleri başka hiçbir yere, *Birinci Prelüd*'e olduğu ölçüde uygun düşmez.

Bu *Birinci Prelüd* konusunda bir iki söz daha: Chopin'in eserlerinde birkaç başka örneğini daha bulabileceğimiz gibi, bu prelüdde ezgi, inatla hemen bir üst oktavda yansıtılmaktadır ve bu öylesine incelikle ve zarafetle yapılmaktadır ki, duyarlı yorumcu, kendi arzusuna göre ezgiyi, birincisini ya da onun yankısını vurgulayabilmekte, böylece tümceyi genişletebilmektedir.

Ayrıca bu ilk ezgi, hiçbir zaman, basın vurguladığı kuvvetli zamanla tam olarak çakışmamakta, ondan hemen sonra gelmektedir. Buysa, ezgiye, sevimli bir kararsızlık içinde bir tür atılım kazandırmaktadır. Biri, diğerinden pek az sonra, aynı sesle söyleyen iki nefesten birini ya da diğerini, düzenli olarak daha fazla önemsemek ya da vurgulamak çok büyük bir yanlış olur. Kimi zaman biri öne çıkar, kimi zaman öteki; kimi zaman da nerdeyse birbirlerine karışırlar. Chopin'de çoğu zaman dar anlamda *sesler* yoktur; şarkı değildir yazdığı, o piyano için besteler, ve sık sık (özellikle kimi *noktürnler*'de –örneğin VII. VIII. IX. noktürnler–) bir parçanın içinde, sanki belirsiz bir düo içinmiş gibi, ikinci bir sesi sezdirdiği olur ama bu ses hemen kesilir ve bütün içinde erir.

Yorumcu iyice belirginleştirmek endişesiyle ezgileri eğer, iki ayrı saz çalıyormuşçasına ayırırsa –diyelim ki biri, bu durumda neredeyse hep işsiz kalacak bir keman ve bir viyola–, parça kötü bestelenmiş gibi görünecektir.

Kimi piyanistlerin Chopin'in bir eserini tümceleri vurgulayarak çalmaları, böylece bir anlamda ezgiyi noktalamaları hiç çekilmez bir alışkanlıktır. Oysa Chopin'in en doyulmaz ve en özel yeteneği, bütün diğerlerinden hayranlık verici biçimde ayrıldığı nokta bence, onun eserlerinde, tümcenin hiç kesilmeyişidir; bir ezgi tümcesinden bir başkasına, duyumsanmayan, fark edilmeyen kayıştır, birçok bestesinin ırmak gibi akıcı olduğu izlenimini koruyan ya da bu izlenimi veren budur.

Bu müzik o yönüyle, zurnanın[1] kesiksiz ezgilerini anımsatır. O ezgileri dinlerken, müzisyenin nerede nefes aldığı anlaşılmaz. Ne nokta vardır ne de virgül, işte bu nedenle de ben, *Sol Minör Noktürn*'ün koral bölümüne kimi yayıncıların ve kimi yorumcuların, salaklar memnun kalsın diye ekledikleri *puan d'org*'ları[2] onaylayamıyorum.

Prelüdler'den ikisinin, *Re Minör* ve *La Minör* prelüdlerin, diğerlerinden çok önce bestelendiklerini bilmek özellikle merak uyandırır. Bu ikisi, bütün bu dizinin, en tuhaf, en şaşırtıcı olanlarıdır. Kaldı ki bu prelüdlerin, özellikle *La Minör Prelüd*'ün, çağdaşlarını

---

[1] Metinde "Arap klarneti" olarak adlandırılmış. (Ç.N.)

[2] Fransızcası, *point d'orgue*. Bir sesi veya akoru yazılı olduğu değerden çok daha uzun çalarak beklemeyi gerektiren işaret. (Ç.N)

şaşkınlığa düşürmüş olmasını anlamak mümkündür. Öyle anlaşılıyor ki bu eser ilkin, icraya hiç uygun olmayan, basit bir müziksel tuhaflık olarak görülmüştür. Bu çok kısa parçanın sözde kusurlarını, Chopin'in hastalığına bağlamaktan vazgeçemeyen Huneker şöyle diyordu: "Bu prelüd, çirkin, sefil ve umutsuz, nerdeyse gülünç ve ahenkten yoksun değil mi?"

Ahenkten yoksun olduğuna kuşku yok; bütün prelüdler içinde en yoksunu odur, ve uyumsuzluğu (*dissonance*) bundan daha ileriye götürmek de mümkün değildir. Chopin o eserde gerçekten benliğinin en uç noktalarına, öz varlığının parçalandığı bölgelere uzanmak ister gibidir. Ve bu müzikteki ahenksizliği daha da çarpıcı kılan, onun kaçınılmaz biçimde ve zorunlu olarak ilk veriden ortaya çıkıyor gibi görünüşüdür. Öyle geliyor ki Chopin burada, çoğu zaman olduğu gibi, kendi kendine bir soru sormaktadır: Ne olabilir, eğer...? Parçanın çok yalın, çok sakin üst partisi (kimilerinin hoşuna gitsin diye, buna şarkı diyelim), huzura, ahenge götürmeyecek hiçbir unsur içermez; ama alt parti (bas), insanın yakınmalarını umursamadan, durdurulamaz yürüyüşünü sürdürür. Ve diyelim ki isterseniz, insanla yazgı arasındaki bu uyumsuzluktan, bir bunalım doğar; benim bildiğim kadarıyla, ne bu eserden önce ne de sonra, müzik, bu bunalımı daha güzel ifade edebilmiştir. Bu karşı durulmaz bas partisi iki ayrı sesten oluşur; yorumcunun bu ikisini sürekli olarak birbirinden ayrı tutması önem taşır. Biri, onlu ya da on birli aralıklarla diğerinin üzerinden aşar öteki, majör ve minör arasında hep kararsızlık içinde ve çoğunlukla el yordamıyla gider gelir.

İtiraf etmeliyim ki Chopin'e duyduğum bütün hayranlığa rağmen, bu parçanın değerini, ben bile, ancak uzun zaman sonra kavrayabildim. Bu eser bana özellikle tuhaf geliyordu ve bir yorumcunun bundan ne çıkarabileceğini hiç anlayamıyordum. Bugünse anladığım, çıkarılacak hiçbir şey olmadığıdır. Sanıyorum ki bunu hiçbir *etkileme* arayışına girmeden yalın bir biçimde ama mükemmel ve ödünsüz bir durulukla çalmak gerekir. Ve en uyumsuz bölümünde –demek ki onuncu ölçüden on beşinci ölçüye kadar– uyuşmazlığın etkisini ister pedal kullanarak, ister ürkek bir *pianissimo* yoluyla olsun, törpülemeye kesinlikle çalışmamak gerekir. Ve eğer –bu sözünü ettiğim birkaç ölçü boyunca– yazgı egemen oluyorsa, önceleri şarkı söyleyen ses kendisini duyurmaya bile çalışmamalıdır. Biraz sonra yeniden başladığında, o artık yalnız ve sanki yorgun gibidir. Sol el partisinin sadece bir eşlik olarak düşünülmemesi gerekliliği, düşünülemez oluşu şöyle dursun, alt ve üst partiler sanki birbirleriyle mücadele içinde gibidir. Ve parçanın en sonunda, kabullenilen bir dinginlik mümkün gibi görünürse de, bunun nedeni, yazgısal bas seslerin kısa bir canlanmanın ardından kesin olarak çekilmiş olmalarındandır.

Yok, hayır! Kuşkusuz bu bir konser parçası değildir. Sanıyorum ki, hangisi olursa olsun, hiçbir izleyici kitlesinin hoşuna gitmez. Ama insan sadece kendisi için alçak sesle çaldığında, o tanımlanamaz heyecan bitmek bilmez; sanki, sadece sezinlenen, sevgiye düşman ve insanca yakınlığın giremediği bir dünya karşısında duyulan o neredeyse elle tutulur korkunun da sonu gelmez. Bu dizinin sonuncusu olan *Re Minör Prelüd*'de de, o karşı gelinmez yazgının nefesi duyulur. Upuzun bağ çizgileri birbirinden baş döndürücü uzaklıklarda bulunan notaları birbirine bağlar. Bu yapıtta da, üst partide gene hiçbir sevgi yoktur; sadece kaba baslarca sanki çirkince vurgulanan karşı durulmazlığın yansıması vardır. Bastaki kırık akorun ortasındaki ses (çoğu zaman ve özellikle ilk dokuz ölçüde dominant) başlangıçta uzun olarak, demek oluyor ki hem bir on altılık hem de bir dörtlük biçiminde işaretlenmiştir. Bu dörtlük onuncu ölçüden sonra vurgulanmaz.

Başlangıçtaki bu yazılış (sonra da bu yazılışın değişmesi) acaba Chopin'in işi midir, bilmek isterdim. Yapıtın başka yerlerinde de bunu tekrarlamak, bu ikinci notayı uzun çalmak bana ilginç geliyor. Bazı baskılarda, bas partisinin üst notası, öbeğin beşinci notası, *piquée*[1] olarak ya da en azından *lourée*[2] olarak işaretlenir. Olabilir. Ah! Ne zaman elyazmaları gözönüne alınarak gerçek-

---

[1] (Fr.) Hemen üstünde bir noktayla işaretlenen notalara verilen ad. Bu notalar çok kısa, birbirinden ayrılmadan çalınır, tuşa basılır ve hemen bırakılır. (Ç.N.)

[2] (Fr.) Bağ işaretinin altına konulan noktalarla işaretlenmiş notalara verilen ad. Bunlar bağ içinde ama birbirinden biraz ayrılarak çalınır. (Ç.N.)

leştirilmiş doğru bir Chopin yayınına kavuşacağız biz? Bu prelüdün dinleme olanağı bulduğum birkaç yorumunda (her zaman olduğu gibi aşırı hızlı yorumlanıyordu; öyle ki bas partisinde ısrarla yinelenen beş notalık küme karmaşık bir uğultuya dönüyordu...) icracı sanki tekdüzelikten korkar, böylesine bir gönüllü çirkinlikten ürker gibiydi. Oysa tam tersine, bu beş notalık kümenin ritminin içinde, gene durmak bilmeyen ve en uç bas notayla (çoğu zaman tonikle) belirlenen öteki ritmi şiddetle vurgulamak yeterlidir. Bu nota mükemmel bir düzen içindeki vurgularla tekrarlanır ve *altı zamanlı ölçüyü dörde böler*; demek ki, birincisinden tamamıyla bağımsız ikinci bir ritim yaratır.

Öte yandan, hiçbir ayrım gözetmeksizin Chopin'in bütün eserlerine yakıştırılan o nostaljik hüzün nitelemesine de çok karşı çıktım, ben o müzikte, neşenin doruklara yükseldiğine çok rastladım. Ama gerçekten bu iki prelüdde kapkara bir umutsuzluk dışında bir şey bulamıyorum. Evet, umutsuzluk; "hüzün" sözcüğünün burada hiçbir işi olamaz; karşı gelinemezlik duygusu bu *Re Minör Prelüd*'ün son ölçülerinde, iki kez, yürek parçalayıcı bir inlemeyle kesilir.

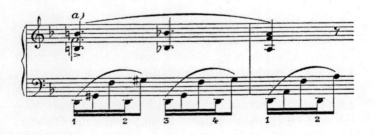

Bu inleme ikinci kez, bozuk, sarsıntılı sanki hıçkırır gibi bir ritimle, kasılırcasına yinelenir. Sonra, karşı durulmaz sonul gelişmeyle süpürülür atılır; bu final cehennemin dibine ulaştıran korkunç derinlikte bir *fortissimo* ile son bulur.

Fa Diyez Minör Prelüd, Chopin'in birçok başka eseri gibi, o *perpetuum mobile* karakterini taşır. Parçanın bir ucundan diğerine tek bir durak yoktur; ama bu eserde, tümceler birbirlerine sıkı sıkıya bağlı olmakla birlikte, gene de ayrı ayrı seçilirler. Bu prelüdün temposu ne kadar hızlı olursa olsun, ona biraz duraksayarak, temayı çok belirgin ve seçilebilir biçimde sunarak ve bundan Chopin'in üretebileceği güzellikleri biraz merakla bekleterek başlamak benim hoşuma gider. Chopin'in müziğinde çoğu zaman görüldüğü gibi, bu eserde birinci tümce, farklı bir bitişle yinelenir. Evet gerçekten, bu parça ne kadar mükemmel biçimde bestelenmiş olursa olsun, ona bir *impromptu* havası vermek hoşuma gider; demek istediğim, ardı ardına gelen keşifler gibi, bilinmeyene doğru bir ilerleyiş gibi çalmayı severim. Otuz ikilik notalar her ne kadar küçük basılmış olsalar da, *pianissimo* olarak ve sanki basit

39

birer süslemeymiş (*fioriture*) gibi çalınmamalıdır. Ben onlara, neredeyse başparmağın bastığı notalara eşit bir yoğunluk vermeyi severim; zaten bu notanın uzatılıyor oluşu, ona, bütün diğerlerine temel oluşturduğu için hak ettiği baskınlığı sağlamaya yetiyor. İsterdim ki (her seferinde bir üst oktavda yinelenen) bu altı seslik kalın yazılı küme, her birinin bir sonrakine sıkıca bağlandığı yekpare bir bütün olarak ele alınsın. Armoniklere benzer biçimde ilk notadan doğan o küçük notalar, bir bakıma tınıyı biçimlendirmek ve durmaksızın değişen tonaliteyi belirginleştirmek suretiyle temel notayla bir bütün oluştururlar. Eğer bu sonuncusu fazla ayrıştırılmış gibi gelirse, o zaman, geriye sadece parlak bir parça, kolay bir ezgi kalır ve eserin bütün ağırbaşlılığı, hatta anlamı kaybolur gider. Oysa aksine, bütün notalara hemen hemen eşit bir güç verilirse bu prelüd yeniden hayranlık uyandırır, o dizinin en güzel bestelerinden biri haline gelir.

Chopin'in birçok eserinin, çoğu zaman, aşırı hızlı çalındığından yakınıyor olsam da, aksine, *Si Minör Prelüd*'ün bana genellikle fazla yavaş çalınıyor gibi geldiğini söylemeliyim. Sanki o eser melankolik hale, mümkün olan en melankolik hale sokulmak istenir. Bu eseri bir seferinde, Baudelaire'in bir şiirine eşlik olarak çalınırken dinlediğimi anımsıyorum. Böylece hem müzik hem de şiir, birlikte, değer yitiriyordu. Bu buluşu, gerçekte ikisini de sevmeyenlere bırakalım.

Tam olarak doğayı taklit eden müzik (*musique imitative*) söz konusu olmasa bile, bu *Si Minör Prelüd*'de üst notanın (tonik) ve *Re Bemol Prelüd*'deki dominant'ın ısrarla tekrarı, güçlü ve ayrıştırılarak verilmelidir; onu kesen şarkıya kayıtsız kalarak, tekdüze, durdurulamaz biçimde; inatçı bir yağmur damlası gibi, insan duygularına kayıtsız temel bir güç gibi; dolayısıyla hiçbir yapmacığa, özentiye kapılmadan çalınmalıdır.

Ben müziğin tadına varmak için, onu edebiyat ya da yazınla ilişkilendirmek gereksinimini hiç duymam ve bir eserin "anlamı" beni hiç ilgilendirmez. "Anlamı" eseri daraltır ve beni rahatsız eder. İşte gene bu nedenle ve Schubert'in, Schumann'ın ya da Fauré'nin o pek güzel uyuşumlarına rağmen, her şeyden çok sevdiğim sözsüz müzik ya da olsa olsa, bir ilahinin gizemini bahane sayan müziktir. Müzik, madde dünyasının dışındadır ve bize de ondan uzaklaşma olanağı sağlar. Ama gene de, şu ya da bu prelüd (sol majör ve fa majör prelüdler) –en azından benim için– belirli hiçbir manzarayı çağrıştırmasa bile, birinde basların, diğerinde tizlerin fısıltılarını, karşı gelinmez biçimde bir derenin usulca şırıldayışına benzetirim ben. Bu her iki eserde de, artık ezgi bile denilemeyecek ölçüde basite indirgenmiş birkaç notalık şarkı, sanki, bu fısıltının yol açtığı zorunlu bir sonuç gibidir; sanki ondan kendiliğinden doğar. Hatta *Sol Majör Prelüd*'de bu notalar, o uçucu eşlik partisinde incelikli ve üstü örtük bir çağrıyla verilenlerin, biraz daha aralıklı yazılmış aynılarıdır. Bunun farkına varmak ve neredeyse belli belirsiz biçimde duyurmak iyi olur; buysa, virtüözlerin yaptığı gibi, bu prelüd katlanılmaz bir hızla çalındığında mümkün olmaz. Ne kolaylık! Ne dinginlik! Birinde de ötekinde de başlangıç tonunu, ona çok yakın bir başkası için terk eder, hemen ardından ona geri döneriz. Chopin burada her türlü ince işlemelerden vazgeçer; çağdaşlarını

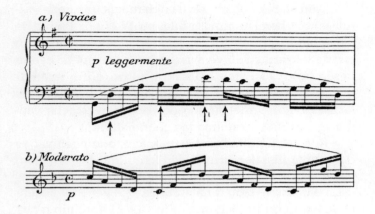

öylesine şaşırtan, kulaklarını bazen rahatsız eden, ama kendisinden sonra bütün modern müziği sürükleyecek olan o gizemli ara sesleri bir yana bırakır. Her türlü oyundan uzak durmasına, en kendine özgü becerileri bir yana bırakmasına rağmen, bu birkaç basit ve pürüzsüz ölçünün başka hiç kimse tarafından bestelenmiş olabileceğini düşündürtmeyecek kadar özgün kalabilmesine hayranım onun; Chopin, en çok Chopin gibi olmaya çalışmadığında kendisi olmuştur. Hiçbir gereksiz süsleme, müziksel düşünceyi şişirerek daha fazla etki yaratma arzusu yoktur; aksine bu düşüncenin ifadesini en uç noktasına kadar, mükemmeliyete kadar sadeleştirme arzusundadır.

Günceden Bölümler

Chopin Üzerine Notlar'ın ardından, *Fragments du Journal et de Feuillets inédits*'den, Chopin'e ve genel olarak müziğe dair bazı sayfalar eklemeyi uygun bulduk.[1]

---

[1] Fransız yayıncının notu. (Y.N.)

Mozart'ın neşesi sürekli olduğu sezilen bir neşedir; Schumann'ın neşesi ise ateşlidir ve iki hıçkırık arasında çıkageldiği duyulur. Mozart'ın neşesi sükûnetten kaynaklanır ve onun müziğinin tümceleri sakin düşünceler gibidir; basitliği sadece duruluktandır; billursu bir dizidir bu; bütün heyecanlar işin içindedir ama gene de daha işin başında sanki göksel bir süzülmüşlük halindedirler. "Ölçülülük, melekler gibi heyecanlanmaktır!" (Joubert). Bunu kavrayabilmek için Mozart'ı anmak gerek.

Napoli, 29 Ocak 1896

Bu manzara kendi müziğini çağırır, onun gibi açık, aydınlık gülüşlüdür ve zahmetsizce yaratılmıştır.

Ta buradan, Doğu'nun o tuhaf, çok tiz bir notayla başlayıp, farklı tonlar arasında döner gibi birbirine koşut iki tümceyle garip bir biçimde toniğe kadar inen, kasılarak vurgulanan ve soluk kesilmesiyle biten ezgisini duyuyorum.

Biskra, Nisan 1896

Athman soruyor: "Müziği kim icat etti?" Yanıtlıyorum: "Müzisyenler." Tatmin olmuyor, ısrar ediyor. Ağırbaşlılıkla müziği icat edenin Tanrı olduğunu söylüyorum. "Hayır" diyor hemen, "şeytan".

Ardından bana, Araplara bakılırsa, çok uzun saplı ve gövdesi kaplumbağa kabuğundan yapılmış, adını aklımda tutamadığım, o iki telli viyola dışında bütün sazların, cehennem sazları olduğunu söylüyor. Gezgin şarkıcılar, ozanlar, kâhinler ve hikâye anlatıcıları deyişlerini, küçük bir yayla çaldıkları bu sazın eşliğinde söylerler; bazen öylesine güzel çalarlar ki, "sanki gökyüzünde bir kapı açılır" diyor Athman.

22 *Mayıs* 1907

Dün akşam, Strauss'un *Salome*'si...

Berbat romantik müzik; orkestrasyon da Bellini'yi arattıracak türden. Sadece gülünç ya da marazi tuhaflıklar (birincisine örnek müneccimler, ikincisine ise Herodius'un raksa zorladığı sırada Salome'nin isteksizliği), Herodius rolünün nerdeyse tamamı – dikkat çekici bir "hüner" gösterisi oluşturuyor. Aynı biçimde Lasserre de, Victor Hugo'nun eserinde gülünç aşırılığın mükemmelliğini vurgulamıştır; aynı şey, aynı nedenlerle *Şarkıcı Ustalar* için de ileri sürülebilir. Hataların nedenleri de aynıdır: Başvurulan araçların çok göze batar oluşu, yaratılan etkinin tekdüzeliği, usandıran ısrar, içtensizliğin açıkça belli oluşu; bütün kaynakların dur durak bilmeksizin harekete geçirilişi. O da, Hugo gibi, Wagner gibi, bir düşünceyi ifade etmek için aklına gelen eğretilemelerden birini seçmeyecek, bizi hiçbirinden azat etmeyecektir. Bunun, ince zevke kökten karşıtlığı...

Berliner Tageblatt'ın anketi.

Wagner'in ölümünün yirmi beşinci yıldönümü dolayısıyla, "bütün Avrupa'nın düşünce ve sanat alanlarındaki seçkin isimlerinin, Wagnerciliğin, özellikle Fransa'daki etkileri konusunda görüşlerini" derlemek istiyorlar.

Yanıtlıyorum:

"Ben Wagner'in kişiliğinden de yapıtından da hiç hoşlanmam: Ona karşı duyduğum derin nefret çocukluğumdan bugüne durmadan büyümüştür. Bu olağanüstü deha, insanı coşturmaktan çok ezer. Onca züppenin, yazar-çizerin, salağın, müziği sevdiklerini sanmalarına yol açmış; birkaç sanatçıyı da dehanın öğrenilebileceği yanılgısına düşürmüştür. Almanya, belki de şimdiye kadar, hem bu denli büyük hem de bu denli vahşi başka hiçbir şey üretmemiştir."

14 Ocak 1912

Mi bemol salona girince, do ve sol onu üçüncü bir kişi gibi görürler.

La bemol, "bu bir dominant" diye düşünürken, mi natürel heyecanla bağırır: "Onu tanıyorum, o benim yedenim.[1]"

... Ama burada da durum müzikte olduğu gibidir. Bu sol diyez akor, ona diyezlerden ya da bemollerden geçerek ulaştığınızda aynı anlamı taşımaz ve duyarlı bir kulak için, her ne kadar aynı notalardan oluşsa da, bir la bemol akor gibi tınlamaz.

---

[1] (Fr.) *Sensible*. (Ç.N.)

14 Mayıs 1921

... Virtüözlükten nefret ediyorum, ama her yerde karşıma çıkıyor, onu iyice küçümseyebilmek için öncelikle kendim virtüöz olmak isterdim; masaldaki tilkiye benzemeyi hiç istemem; örneğin Chopin'in *Barkarol*'ünün bayan filancanın ya da herkesin çaldığından çok daha yavaş çalınması gerektiğini *biliyorum, seziyorum*, ama başkalarının önünde bu yapıtı *gönlümce* çalabilmek için, onu çok daha hızlı çalabileceğime emin olmalıyım ve özellikle dinleyicinin buna inandığını duyumsamalıyım. O hızda çalındığında Chopin'in müziği *parlıyor*, kendine özgü değerini, erdemini yitiriyor...

3 Haziran 1921

... Chopin'in *Barkarol*'ünü yeniden ele aldım, daha hızlı çalmak sandığım kadar da zor değilmiş; ve bunu başarıyorum, (başkalarının *brio*'su beni fazla ürkütür) ama o zaman eser bütün özelliğini, bütün heyecanını, *çöküntü duygusunu* yitiriyor; oysa hayranlık uyandıran bu parçanın *öncelikle ifade ettiği şey* aşırı neşenin içindeki çöküntüdür. Her bir notanın anlamı anlaşılamıyorsa eğer, çok fazla ses, çok fazla nota varmış gibi gelir insana. Her iyi icra, parçanın bir *açıklaması* biçimini almalıdır. Ama piyanist *etki* arayışındadır, aynı bir aktör gibi, ve etki çoğu zaman metinden uzaklaşmayla sağlanır. İcracı, ne kadar az anlarsam o kadar çok şaşkınlığa düşeceğimi gayet iyi bilir. Ama benim istediğim anlamaktır. Sanatta şaşkınlık, yerini hemen heyecana bırakırsa bir değer taşır ancak; ne var ki çoğu zaman onu engeller.

1 Aralık 1921

Tekrar piyanoya başladım, şimdi Beethoven'in sonatlarını bu kadar kolayca çalıvermeme şaşıyorum – en azından, evvelce çok çalıştıktan sonra bir kenara bıraktıklarımı. Ama bu sonatlardaki gösteriş beni yoruyor, bugün beni en çok tatmin eden Bach ve belki özellikle de onun, hiç bıkmadığım *Füg Sanatı* adlı yapıtıdır. Bu eserde artık neredeyse insansı hiçbir şey yoktur ve bir duygu ya da bir tutku uyandırmaz dinleyende; yalnızca hayranlık uyandırır. Ne dinginlik! İnsanı aşan her şeye nasıl bir baş eğiş! Nasıl da hor görüyor tenselliği! Ne huzur!

7 Aralık 1921

Her akşam, yarım saat boyunca tekrar tekrar *Füg Sanatı*'na dönüyorum. Bu yapıt hakkında geçen gün söylediklerimin hiçbiri, şimdi çok doğru gelmiyor bana. Hayır, bu eserde çoğu zaman ne sükûnet ne de güzellik duyumsanıyor, duyulan ruhun sarsıntılarıdır, yasalar kadar katı ve insanlık dışı bir bükülmezlik içindeki biçimleri zorlama iradesidir. Bu, ruhun, sayılar üzerindeki zaferidir; ama zaferden önce mücadele vardır. Bir de, baskıya boyun eğmekle birlikte, onu aşarak, ona rağmen ya da belki *onun sayesinde* var olabilen oyun, coşku, sevgi ve en sonunda ahenk.

30 Ekim 1927

Fa diyez ülkesinden, fa natürel topraklarına nasıl, hangi ani sıçramayla ya da hangi öngörülmemiş ton değişimiyle geçiverdiğimizi bana hiç sormayın. Bütün doğa sanki birdenbire insancıllaşıyor gibi geldi bize, yeşilliklerinin, bizi hem büyüleyen hem de kendisinden uzak tutan o dokunaklı hırçınlığının yanı sıra o aşırı parıltısını da yitiriyordu. Kendi kendime fa natürel diye tekrarladım; hiçbir şey, bu fa sesi kadar yalın olamaz! Manzara yumuşuyordu. Orada yaşamak güzeldi. Zihnim hemen oraya uyum sağlamaya başladı; orada düşüncelere dalıyordum, istediğim gibi seviyordum, O sırada, mi bemol, bir sihirli değnek dokunmuş gibi, bulutların arasındaki bir açıklıktan sızan ışık gibi, bir dostun beklenmedik dönüşü gibi, ansızın çıkagelip neşemizi usulca daha çok şefkate, daha ileri Tanrı sevgisine yöneltti. Si bemol'e varıyorduk.

Dün Alibert, "Chopin'in bir tek baladı için, bütün Beethoven senfonilerini verirdim, söylediğimi anlıyor musun? Bütün senfonilerini," derken ne kadar sevimliydi.

28 Şubat 1928

Oktavlar içindeki üçlü ve beşlinin oluşturduğu aralık öyle bir orantıya sahiptir ki, çevrildiğinde altılı aralığı oluşturur ve bunların bütünü mükemmel akoru (*accord parfait*) meydana getirir. Evet, oktavdan oktava titreşim sayısı (bu sayının ne olduğunu bilmiyorum) mutlaka değişmez bir oranda olmalıdır. Üstelik bu, bütün tonlar için geçerlidir.

Bunu hiç kuşkusuz, çok daha yüksek titreşim sayılarında da, görsel alanda renklerin algılanışında da bulabilirim. Kulak ve göz bu orantının anında sezilmesine olanak sağlar. Duyularımızdan her birinin, önceleri göze ve kulağa etkilerini rahatsız edici bulduğu, *uyumsuz* (dissonant) bulduğu başka orantılardan, uzun süren bir alışma, bir tür evcilleşme sonucunda keyif almaya başlamasına hayranım. (Belki de –ya da kuşkusuz–, kendi aralarında önemli "ortak bölenler" bulunmayan orantılar.)

Evet, küçük yedili aralığı giderek, onun çevrilmişi (*renversement*) olan büyük ikili aralığı, önceleri uzun süre kulak için rahatsız edici nitelikte görünmüş, kaçınılması gerektiği düşünülmüştür. Ama sonra bundan ve aynı şekilde artık dörtlü aralıktan keyif duyulur olmuştur. Bu aralıklardan her birinin bir tondan başka bir tona geçmeyi sağlamasıyla oluşan bu ses, sonradan kulaklara büyük zevk verir olmuştur.

Günümüzde artık, bıkkın kulaklarımız için bu çok bilinen, çok basit orantıların hiçbir çekiciliği yoktur. Kulaklar şimdi, evvelce onlara acı veren artık ya da eksik aralıkları benimsemiştir. Ne yedili majör ne de ikili minör aralıktan uzak durulmaktadır. Aynı, gözün resimde daha keskin uyumsuzluklardan zevk almaya başlaması gibi, kulak da hiç kuşku yok ki bu uyumsuzluklardan zevk almaya başlamıştır.

Duyularımızın şimdi daha bir keskinlik kazandığını düşünüyor değilim; ama acaba herhangi bir sayısal orantıdan keyif almaya daha fazla yatkın oldukları söylenebilir mi?

Artık uyuşumluluğa (*consonance*) ve armoniye önem vermiyorsa eğer müzik neye yöneliyor? Bir tür barbarlığa. Sesin kendisi öylesine usulca ve zarafetle uzaklaştığı gürültüye geri dönüyor. Sahnede ilkin sadece soyluların, unvan sahiplerinin görünmesine izin veriyorlar; ardından kentsoyluların, daha sonra da halkın. Sahne dolup taşıyor ve sokaktan ayırt edilmez oluyor. Ama ne yapılabilir ki? Bu engellenemez gidişe karşı durmaya çalışmak ne çılgınlık! Modern müzikte, evvel zamanın uyuşumlu aralıkları, "çok eskilerden kalmış" izlenimini veriyor.

5 Kasım 1928

Eyfel Kulesi Radyosu'nda tanınmamış (benim tanımadığım) bir hanım virtüöz, biraz önce Chopin'in *XVII. Prelüd*'ünü berbat etti. Bazı kimselerin bu icra sırasında kendilerinden geçtikleri oluyor mudur? Ben bu yorumda, neredeyse çirkinliğe varan bir bayağılıktan, yapmacıktan ve budalaca bir duygusallıktan başka bir şey bulamıyorum. Düzenli olarak her ölçünün ortasında neden hızlanıyor? Bu yapay iniş çıkışın, parçanın bütün o çekici gizemini yok ettiği anlaşılmıyor mu? Şarkının eşlikten usulca doğması ve gelişmesine neden meydan verilmiyor, ezgiye eşlik eden o notaları önemsiz sayıp, ezginin çevresindeki bütün ışıkları söndürüp, salak dinleyiciler yeterince ayırt edemeyecekmiş korkusuyla onu öne çıkartma çabası neden? Ben, bu "yıldız ezgi"den nefret ederim ve onun Chopin estetiğine en aykırı unsur olduğunu sezerim. Bellini tarzında birkaç *cantabile*'yi ayrık tutarsanız, iddia ederim ki, klavyenin en üstünden en altına kadar her şeyin tam bir türdeşlik içinde olması gerektiği konusunda ısrarlıyım, öyle ki, ezgi sürekli bir ürperti yaratan özdeksiz bir manzara karşısında olduğumuz izlenimi uyandıran diğer seslerin yarattığı o dostça havaya bütünüyle bağlansın.

15 Kasım 1928

Bach'ın iki ve üç sesli *Envansiyonlar*'ına (Busoni baskısı) yeniden döndüm. Ne büyük bir güç! En kolaymış gibi görünen sayfalarda bile eşit düzeyde bir ustalık var! Öte yandan kendisini o belli müzik mantığına sadık kalmaya zorlayan kontrpuan yöntemi, düşüncesini ortaya koyuşunu gene de ne kadar az etkiliyor!

Montesquieu, doğa bilimi alanındaki gözlemleri sırasında, ağaç gövdelerinde gördüğü yosun ve ökseotu oluşumlarıyla ilgilenmiştir. "Modern" düşünürler gibi, bu bitkilerden birinin ya da ötekinin, yeni kuramlarla ortaya konulduğu üzere, tohumlardan ortaya çıktığını kabul etmeyi reddediyordu. Burada beni ilgilendiren bu kuramların Montesquieu'yü haksız çıkarmış olmaları değildir. Ama Montesquieu'nün betimlemelerini ve düşüncesini dayandırdığı gözlemlerini ele aldığımda, bunların kendisine ilham ettikleri kuramlar ne kadar yanlış olursa olsun, gene de tümcelerinden bazılarının, eğer onları eğretileme olarak kullanırsam, Chopin'in bazı müzik tümcelerinin doğuş biçimini açıklamak için ne kadar doğru biçimde uyarlanabildiğini gördüğümde hayran oluyorum.

Montesquieu, özsuyun yavaşça kıvama gelmesinden, giderek pıhtılaşmasından, ışık geçirmez hale gelişinden ve bunun kendiliğinden, yeni yaprakların kök aldığı sapların oluşumuyla sonuçlanışından söz eder.

İşte, Chopin'in örneğin *XVII. Prelüd*'ünde de ezgi aynen böyle oluşmalıdır.

Burada hiçbir şeyin öne çıkması gerekmez. Başta şarkıyı söyleyen ses zar zor fark edilir, altışar altışar dizilmiş sekizliklerin düzenli akışıyla derinden bütünleşmiştir ve sanki onların üzerinde yüzer gibidir; arada kimseye ait olmayan bir kalbin atışları duyulur. İcracı çoğu zaman, kendi heyecanını daha güçlü yansıtmak için nabzın bu sakin atışlarına biraz ateş katmak zorunda olduğunu sanır, oysa aksine ben, nabzın tam bir düzen içinde atmasını severim.

Şarkının, bundan, tam bir doğallıkla, sanki öngörülmüş bir doğuşla yükselmesini isterim; en azından parçanın başında, çünkü ezgi ışımaya başlar başlamaz coşar ve ancak en sona doğru yeniden solar ve söner. Ben ezginin boşlukta yeniden yok oluşunu seviyorum.

ve şarkı söyleyen ses
Bir kuşun konuşu gibi durulur. Her şey susar.

Gerçekten, bu prelüdde Chopin, diyezli tonlara yaptığı bu iki geçişte, iki kez neşenin doruğuna varır. Neşenin gözyaşlarına son derece yakın olduğu o dokunaklı duruma örnek olarak, birçok başkasının yanı sıra, ben seve seve bu ton değişimlerini de gösteririm. Musset'nin Lorenzaccio adlı kahramanı "Ah, neşeden incinmiş yürek" der.

Chopin'in eserinde, bundan daha güçlü çok bölüm vardır; ama neşenin daha yumuşak, daha güvenli, daha arı bir havaya büründüğü bir başkası yoktur. Bu mi majör ton değişiminde muzaffer bir hava egemen olursa her şey kaybolur. Ben burada kararsız, şaşkınlıkla dolu, beklenilmeyen bir hayranlık isterim. Mi ile başlayan tekrardan hemen sonra gelen fa diyez majör tekrar daha da gizemlidir. Yürek bunca neşeyi kaldıramaz, boyun eğer ve si, en son nota, sanki umulmadık biçimde ulaşılmış gibi duyulur duyulmaz, neşe düşüşe geçer. Bu si'nin hiç de görkemli bir yanı yoktur ve baslardaki kreşendodan sonra, yalnızca artakalan güçle çalınmalıdır.

30 Ekim 1929

C.'nin plakları: Chopin'in *Prelüdler*'i. Tensellik hiç yok; onun yerine zarafet ve duygusallık. İç acısı. Bu prelüdlerin o doyulmaz özünü önceden bilmeyenlerin bu yorumda (birkaç prelüd dışında) hiçbir şey bulamayacaklarına bahse girerim.

18 Kasım 1929

Piyano için mükemmel bir etüt. Ah keşke gençliğimde daha iyi eğitilmiş, yönlendirilmiş, desteklenmiş, zorlanmış olsaydım! Bu etüdün bana verdiği haz keşke daha az bencil olabilseydi! *Prelüdler*'i (özellikle fa diyez minör ve mi bemol majör tonundakileri) kimi zaman kendi kendime, biri beni dinliyor olsaydı onu tatmin edecek, şaşırtacak, hoşuna gidecek biçimde çaldığım olmuştur. Ama eğer biri gerçekten orada bulunsaydı ve ben onun beni duyabileceğini biliyor olsaydım, çalışım anında donuklaşırdı.

Müzik tümcesi, dinleyiciyi bir biçimde kavrar, onu bir anlamda ele geçirir, ona "kendini bana bırak" der, ben hiçbir piyanistin bunu gerçekleştirdiğini hatta denediğini bile görmedim. Parçayı sunmakla yetiniyorlar; yorumları onu açıklamıyor, geliştirmiyor, keşfedilmesini sağlamıyor. Dün bu konuda birkaç sayfa yazdırdım, o sayfaları tekrar okuduğumda bana iyi yazılmış gibi göründüler. Ama söyleyeceğim daha çok şey var; özellikle o yapay zarafetten, gerçek –yoğun, kaygılandırıcı, edepsiz– tenselliğin olmadığı yerde, kaçınılmaz olarak maskesi düşen o yapmacıktan (*Fa Majör Prelüd*'ün sonlarına doğru, zamansız bemolleştirilmiş üst nota üzerinde gecikme –oysa bir bekleyişi boşa çıkarmak için, önce onu yaratmak, demek ki bekletmek gerek–) söz etmek istiyorum.

Böylece parlatılmış o mi bemol'ün[1] yarattığı kırıtkan zarafet, yaratacağı etkinin bilinciyle kendinden ah ne kadar emin! (Noailles Kontesi bir salona giriyor sanırsınız. Nihayet! İşte geldi!)

Bu notanın yumuşaklığını bana bağırarak ifade etmenize ne gerek var, ben bunu zaten fazlasıyla seziyorum! Bırakın salt onun garipliği şaşırtsın beni, bir de siz ona destek olmayın. Eğer böyle yaparsanız beni ahmak yerine koyuyorsunuz demektir; ve eğer ben ahmak değilsem o zaman siz ahmaksınız. İncelikle hesaplanmış bu gecikmeler tiyatroda da, hani aktör, seyircinin hayranlığı (ve alkışları) ortaya çıksın diye kısa bir süre için duraklar ya, o zaman da bana aynı ölçüde çekilmez gelir. Israrımın nedeni, bu mi bemolü, şuraya buraya dağılmış, sürekli karşıma çıkacaklara örnek olarak görmemdir.

9 Haziran 1930

Şu son günlerde, Chopin'in, uzun zamandır bir kenara bıraktığım birkaç *Etüt*'ünü (özellikle la bemol tonundaki iki etüt ile birinci defterdeki *10. Etüt* ayrıca 1 ve 2 numaralı etütler) yeniden ele aldım. Onları bir

---

[1] Eserin özgün baskısında yanlışlıkla si bemol yazılmıştır. (Ç.N.)

kenara bırakışımın nedeni, bana daha az ilginç görün-
meleri ve bunun da ötesinde, oldukça sıradan bir ca-
zibe taşıyor gibi gelmeleriydi, kuşkusuz yanılıyordum.
Bu etütlerin birincisi için Jachimecki'nin yazdıkları
ve Hans von Bülow'dan naklettiği sözler beni şaşırttı:
"Bu etüdü, gerçekten mükemmel bir biçimde çalabilen
kişi, piyano sanatında Parnassos Dağı'nın en yüksek
noktasına ulaşmış olmakla övünebilir, çünkü bu eser
belki de o derleme içinde en zor olanıdır." Bu, sinsi bir
zorluktur ve ancak iyi kavranabilirse üstesinden geli-
nebilir. Aynı biçimde, iyi bir sonuca ulaşabilmek ama-
cıyla *Fa Majör Etüt*'ü de (ikinci defterin üç numarası)
çok çalıştım. Bu eser gizemli sadeliği içinde ne kadar
hoş, Chopin'in tekniği için vazgeçilmez nitelikteki ileri
derecede bilek esnekliğini ve duyarlılığını kazanmak
için ne kadar önemli. Bach, hatta Beethoven ve Mozart
bile böyle bir endişe duymamışlardır. Chopin'in bu mü-
ziği, Bach'ın eserlerinin icrasında gerekenlere kıyasla
öylesine ters ve öylesine özel nitelikler gerektiriyor ki,
onun ardından çaldığım (ezberimden çaldığım, çünkü
Lizst'in defteri yanımda değil, ama o eseri hâlâ çok iyi
hatırlamaktan keyif duyuyorum) *Org İçin Si Minör Bü-
yük Füg*'de biraz zorlandım ve bana çok gerilemişim
gibi geldi. Bu nedenle, bu sabah Chopin'den ayrılıyor
ve *İyi Düzenlenmiş Klavye*'ye dönüyorum; biraz zorluk
çekiyorum, demek oluyor ki çok yararlanıyorum.

21 Haziran 1930

Çalarken (piyanoda) kreşendoları bertaraf etmeyi
başarıyorum. Kuşkusuz Beethoven çalarken kreşendo
gereklidir; Bach'ın klavsen eserlerinde yoktur; Chopin
ise buna hiç başvurmaz, iyi de yapar. Onda *forte*'ler ve
piano'lar vardır; buysa aynı şey değildir. Dokunaklılı-
ğın karşıtı...

8 Şubat 1934

... Başkaları, çok sayıda başkası Bach'ı benim kadar hatta benden çok daha iyi çalıyorlar ve çalacaklar. O kadar çok beceri gerektirmiyor. Chopin içinse durum farklı, onu çalmak için öncelikle sanatçı olmayan bir müzisyenin sahip olabileceğini sanmadığım, özel bir anlayış gerek. Ne demek istediğimi çok iyi biliyorum. Kendisini Baudelaire'le bir araya getiren şu belli belirsiz düşsellik duygusuna kadar gitmeye bile gerek yok. Artık *kontrpuan* dışında bir yerlerde aranması gereken, ve dolayısıyla psikolojik bir nitelik kazanan bir tür zorunluluk, mantıksal zorunlu kılma... Mozart kadar esinle dolu, ama ondan daha düşünceli.

Onu çalmasını bilmiyorlar. Sesinin entonasyonunu bile saptırıyorlar. Daha başından yapacakları işten emin insanlar gibi, Chopin'in şiirlerinden birine dalıveriyorlar. Oysa Chopin çalmak için şüphe, beklenmedik gelişmeler, ürperme gereklidir; özellikle zekâ istemez ("zekâ bana acı veriyor"), ama budalalık da olmamalıdır, bu da, kendini beğenmişliğe yer olmadığı anlamına gelir. Bu, virtüözden çok şey istemek olur. Bütün övgüleri toplayan ve sanatçının önüne geçen o değil mi? Yaratıcı gururlu olabilir (ne var ki, aralarında en büyükleri alçakgönüllü olanlarıdır), virtüöz ise kendini beğenmişin biridir. Ama tekrar bu konuya dönmeye ne gerek var.

10 Nisan 1938

Bu sabah, mi majördeydim. Bütün düşüncelerim dört diyezliydi, üstelik ton değişimleri sırasında ortaya çıkabilecek her türlü arızayı da içeriyordu. İnatçı bir takıntıyla beynimde yankılanan bütün nakaratları mi sesine aktarıyordum. Kaldı ki bu nakaratların tümü de o kadar bayağı değildi; kimi zaman *Pastoral Senfoni*'den ya da Bach'ın *Largo*'sundan bir tümce, *Gars de la Marine*'in (Bahriyeli Delikanlılar) ya da müteveffa Paulus'un o eski *Chanson de la Boiteuse*'ünün (Topal Kadının Şarkısı) önüne geçiyordu. Yapabildiğim tek şey, birinin yerine diğerini koymaktı; akımı hiç kesemiyor, sessizliği sağlayamıyordum. Ezgi bir kez başladı mı, günlük konuşmaların, olayların, gördüklerimin arasında sonu gelmez akışını saatlerce sürdürüyordu, akşam uyumak üzereyken var olan takıntı sabah uyanır uyanmaz yeniden başladığına göre, herhalde uykum sırasında da direniyordu. Kimi zaman artık iyice bunalınca, içimden bir dizi mısra okuyarak onu durdurmayı deniyordum; o zaman da ezberden söylediğim bu mısraların altında bir yeraltı suyu gibi ilerliyor ve sonra, Rhône Irmağı'nın kaybolup, daha ilerde bir yerlerde sularının yeniden belirmesi gibi tekrar ortaya çıkıyordu. Beynime takılan bu nakaratlardan kimilerinin içerdikleri ölçü sayısı hayli fazlaydı, ve onları bir başka tonda yinelemeye olanak veren ton değişimlerine yol açıyordu. Böyle olunca da takıntım kromatik olarak bütün gamı dolaşıp yeniden başlangıç tonuna gelmeden sona ermiyordu. Bu dönüş sırasında, diyezler bölgesinden çıkıp bemoller bölgesine girerken bir tür ferahlık duyuyordum; bunun tersi de aynı ferahlığı veriyordu; çünkü tahmin edebileceğiniz gibi, benim herhangi bir tercihim yoktu. Hangi tonda olursa olsun ben kendimi tutsak hissediyor ve ezgiyi, istemeden, bir sincabın kafesini döndürmesi gibi döndürüp duruyordum.

Sessiz cennetler hayal ediyorum...

Bu *Noktürn*'ü[1] çok iyi çalmayı başarmıştım; yanlış

---

[1] Yazar, hangi noktürnden söz ettiğini belirtmiyor. (Ç.N.)

yorumlara en açık olanlardan biridir. Kaldı ki en sevdiklerimden biri de sayılmaz... Müziğe elveda dediğim o anı anımsadığımda,

Yüreğimin, içimi parçalamasından hemen önce

ve şimdi artık ölüm, benim daha fazla sarılabileceğim hiçbir şeyi benden koparıp alamaz.

7 Ocak 1939

Re Bemol Noktürn'ün (Op. 27) eşlik partisinin doruğunda, üçlü aralıkların yinelenen vuruşlarını öne çıkartmayı düşünür müsün? (Acaba en azından onları fark edebildin mi?)

Si Minör Scherzo'nun, insanı alıp götüren güzellikte ve kendisi de olağanüstü bir *noktürn* niteliğindeki o yavaş bölümünde (majör tonda) dominantın çifte vuruşlarıyla aynı karşı vuruşa (*contretemps*) düştüklerini fark ettin mi? İşte onun, yeşil kurbağanın (ya da belki kara kurbağasının) en duru yaz gecelerinin yüreğine düşürdüğü o billur damlalarına benzemesini sağla. Chopin bunu düşünmüş müydü?... Ama Paderewsky bu parçayı çaldığında düşünüyordu. Diğer notaların hepsinden hem ayrılan hem de onların içinde eriyen bu billursu notaya bütün bir manzara asılıydı.

Bu iki parçanın her birinde de bu nota sonunda aynı biçimde coşkuyla kaldırılıyor gibi yükselir (*Noktürn*'de yarım ton, *Scherzo*'da bir ton), hemen ardından aşırı neşenin ağırlığına dayanamaz, düşer.

8 Ocak 1939

Chopin'in bu müzikal şiirlerinden birçoğu, (şu anda aklımdakiler *Noktürn*'lerdir) icra yönünden çok zorluk içermezler (virtüözlerin kolayca üstesinden gelebilecekleri zorluklardan söz ediyorum), onların zorluğu başkadır, başka türdendir, daha yüksektedir ve kimi zaman virtüözlerin bunların farkına bile varmadığı kanısına kapılırsınız, çünkü virtüözler bunları hiç önemsemez ve eğer parçayı hepsinin sahip olduğu ve biz dinleyenleri ağzı açık ama duyarsız bırakan egemen ve şaşmaz bir çeviklikle çalmışlarsa tatmin olurlar. Ama bu şiirin gizini, bu şiirin saklı güzelliklerini, parçanın bestelenişinde hatta doğuşuna yön veren sanat sorununu fark etmemiş gibidirler; en azından bu konuda bize hiçbir şey sezdirmezler.

Sanıyorum ki ilk yanlış, onların (virtüözlerin) öncelikle Chopin'in romantizmini ön plana çıkarmak istemelerinden kaynaklanıyor, oysa bence onun eserlerinde en hayranlık duyulacak yön, yadsınamayacak romantik katkının klasisizme indirgenmiş *olmasıdır*. Bu katkı ve sonra onun ustaca denetim altına alınışı, sanıyorum ki hiçbir yerde, *Do Minör Büyük Noktürn*'de (Op. 48)

olduğu kadar çarpıcı değildir. Bu hayranlık verici parçanın kompozisyonu, oluşumu kadar sade bir şey yoktur; ama icracının da bunları kavraması gerekir; çalışı bunları ortaya çıkarmalı ve bir anlamda *açıklamalıdır*. Bu parçanın, önce son derece dingin, geniş açılımlı, törensel nitelikli majör tonundaki ikinci kısmında, rüzgârın ansızın esişi ne kadar şaşırtıcı görünse de, şaşkınlık yerini hemen anlayışa, basın bu üçlü ritminin benimsenmesine bırakacaktır. Bu üçlü ritmin, minör tonda tekrarı sırasında hızlı vuruşları, *yeniden ele geçirilen* mükemmel bir düzenlilikle gerçekleştirilmelidir; bu tinsel unsurun, ilkin zincirlerinden boşalmış unsurlar karşısında kazandığı zaferdir. Eğer zafer romantizmin olursa her şey kaybolur (artık hiçbir şey anlayamazsınız). Ve özellikle *brio*[1] eksik olsun! Ama virtüözün çoğu zaman bize sunduğu fırtınanın içinde kaybolmuş bir sestir. Oysa Chopin'in istediği bu değildir.

Paul Valéry'nin evindeki o son derece keyifli öğle yemeğinde, Nadia Boulanger'nin,[2] *Prelüdler*'in icrası konusunda ve *Chopin Üzerine Notlar*'ımda yazdıklarımla (ne yazık ki yetersizce) tamamıyla aynı görüşte olduğunu öğrenmek ne kadar güzel.

---

[1] Müzikte parıltılı, canlı, istekli, ateşli ve kolaymış izlenimi veren çalış tekniği. (Ç.N.)

[2] Ünlü bir piyanist, besteci ve piyano öğretmeni. İdil Biret'in de hocasıydı. (Ç.N.)

Yayımlanmamış Sayfalar ve Değişkeler

Bay Ganche, birçok olgunun, Frédéric Chopin'in biraz Fransız kanı taşıdığını varsaymaya olanak tanıdığını söylüyor. Frédéric'in babası Nicholas Chopin, Lorraine bölgesindeki Nancy kentinde 17 Ağustos 1770 tarihinde doğmuş ve 1887 yılına doğru Varşova'ya gelmiştir. Fransızca öğretmenliği yapıyordu ve oğluyla mektuplaşmalarında bu dili kullanıyordu, oysa Frédéric'in annesi ve kız kardeşleri ona Lehçe yazıyorlardı. Chopin'in dostları ve bütün çağdaşları onun bir Fransız babadan olduğunu söylemişler ve kendisi de buna hiç karşı çıkmamıştır. Oysa bu düşüncenin genel kabul görebileceğini biliyordu. Nitekim Marie Wodzinska, 1835 yılında yazdığı bir mektupta ona şöyle diyordu:

"Adınızın Chopinski olmayışına ya da ne bileyim, sizin Polonyalı olduğunuza ilişkin herhangi bir başka işaretin bulunmayışına üzülmekten kendimizi alamıyoruz, öyle olsaydı eğer, Fransızlar sizin yurttaşınız olma onurunu elimizden almaya çalışamazlardı." (s. 18-19)[1]

"Ölümünden hemen sonra atalarının kökenine ilişkin araştırmalar başlamıştır. 1 Aralık 1849 tarihli *Journal de Rouen*'da yayımlanan bir makalede Cho-

---

[1] Yazar burada Ganche'ın eserinden yaptığı alıntının sayfa numaralarını belirtmiş, fakat eserin künyesini vermeyi ihmal etmiştir. (Ç.N.)

pin'in, Nantes Fermanı'nın yürürlükten kaldırılışından sonra, 1685 yılında bir üyesi Polonya'ya göçmüş olan bir Fransız aileden, Chopin d'Arnouville ailesinden geldiği belirtiliyordu."

Bay Ganche o noktada, bu varsayımın pek gerçekçi sayılamayacağını, çünkü Chopin'in ailesinin Katolik olduğuna işaret eder.

Şöyle devam eder: "Polonyalıların savına göre Chopin'in atalarından biri Stanislav Leszcynski'nin Lorraine'e geldiği dönemde Polonya'yı terk etmiştir." (s. 19)

Bu eserdeki bir dipnot bizi, Bay André Lévy'nin 16 Kasım 1912 tarihli *Mercure de France*'da yayımladığı bir makaleye yönlendirir. Lévy, Polonyalıların savını çürütmekle birlikte aksini kanıtlayacak hiçbir belge sunamamaktadır. Bay Lévy ve Bay Ganche tarafından yapılan bütün araştırmalar sonuçsuz kalmıştır. Ama Lorraine'de, Chopin'in Fransız atalarının yaşamış olduklarına ilişkin hiçbir belgenin bulunmayışı, herhangi bir şey kanıtlamamakta ve belirsizlik sürmektedir.

Ne olursa olsun belirsizlik sadece Chopin'in kökeni konusunda sürmektedir, ama Chopin'in, köklerinden kopuşun bir başka örneği, dahası, göçün ve neredeyse hiç şüphe götürmeyecek biçimde ırkların karışımının bir örneği olduğu kesindir.

Bir başka örnek diyorum; bu benim kanıtlanmış saydığım bir gerçeği doğruluyor: Bugün yücelttiğimiz neredeyse bütün büyük insanlar, hemen hemen bütün yaratıcılar, yığınlar arasından sivrilmiş hemen herkes, bir karışımın ya da en azından köklerinden bir kopuşun ürünüdür. Bay Maurras'nın şakayla söylediği gibi bunlar "foklardır". Hatta bu noktada bana öyle geliyor ki Bay Ganche, Chopin konusunda bu soruna değindikten sonra, meseleyi belki biraz çabuk bir yana bırakır.

"Chopin'in düşüncesi ve eseri Leh ırkının mutlak karakterini bu ölçüde yansıtmasaydı, sadece kalıtım yasaları onun soyunun incelenmesine bir önem yüklerdi. Chopin en ileri ölçüde Polonyalıydı ve bu konuda bir şüpheyi herhalde ağır bir hakaret kabul ederdi." (s. 20) Biraz daha ilerde de şöyle yazar: "Chopin'in dehası son derecede ulusaldır, fakat Fransa'yla bağları konusundaki belirsizliklere rağmen, Fransa'nın onun ikinci vatanı olduğu ileri sürülebilir, çünkü bu ülkede, başarısına katkıda bulunan unsurlar bulmuştur."

Hayır! Bu benim için yeterli değil, çünkü Chopin'in eserlerinin bütününde bir Leh esini, bir Leh akışı bulsam da, kumaşında bir Fransız kesimi, bir Fransız biçimi sezmek hoşuma gidiyor. Çok ileri gidiyorum. Diyelim ki, onun şiirlerinin bestelenişinde doğrudan doğruya Fransız niteliği taşıyan hiçbir şey yoktur; ama Fransız düşüncesiyle, kültürüyle sürekli temas, onu tam da, Slav dehası içinde yer alan en Germen karşıtı nitelikleri yüceltmeye yönlendirmiştir. Kuşkusuz Chopin'in eserinde belirgin Fransız nitelikleri bulmayı istemek kendini beğenmişliktir. O niteliklerin öz bakımından Germen karşıtı olması bana yetiyor.

Almanya müziğin beşiğidir. Böylesine kaba, sanata bu kadar uzak Alman halkının, müzisyen bir halk olduğu bilinir, kabul görür. Almanya'da müzik, her yerden kendiliğinden ve sürekli fışkırır; kalın bir örtü gibi bütün Almanya'ya yayılır. Bununla birlikte kimi Alman dâhilerin, bu devasa dalgayı yönlendirmek, yapılandırmak için, Almanya'dan böylesine uzaklaşma, hatta ona karşı çıkma gereğini duymuş olmalarına hayranım.

İtalyan Mozart'ı, Fransız Gluck'u, İngiliz Haendel'i düşünüyorum; Bach'ın ya da Avusturya-Felemenkli Beethoven'in, sonuçta bunların hepsinin müziğinde, en çok hayranlık duyduğumuz ve bu Alman kumaşının gerçekten bir biçime girdiğini gördüğümüz sayfaların, ırkın ayırıcı niteliklerinden en fazla uzaklaşılan yerler olup olmadığını belirlemeyi de benden daha yetenekli kişilere bırakıyorum. Tersine, müziğin, ırkın kendine özgü niteliklerine en fazla bağlı kaldığı sayfalar, neredeyse Asya'ya özgü o aşırılık, o kabalık, o biçimsizlik nedeniyle, barbarlıktan en az uzaklaşabildiği yerler değil mi? Dün bir Wagner'in eserinin bütününün, bugün Strauss'un doğmakta olan eserinin, Slav ve Fransız dostu Nietzsche'yi çıldırtacak derecede bunaltan yönleri bunlar değil mi?

Daha önce başka yerde de yazmıştım, ama ne kadar yinelense gene de az: Kültürün en büyük aracı resimdir, müzik değil. Resimde coşku bile düşünceye bağımlıdır, oysa müzik coşkuyu serpiştirir, dağıtır.

Fransız halkı çizmeyi sever. Zanaatkârdır, biçemcidir, çizer. Fransız müziği bile çizilmiştir.

Alman müziği ise öyle görünüyor ki, sınır ve kenar çizgilerini, ancak ırkın ayırıcı özelliklerine karşı gelerek kabullenebiliyor.

Piyano orkestraya, bireyin kitleye sağladığı kadar üstünlük sağlar.

Bütünün birliği ancak, her parçanın kendi kişiliğinden uzaklaştırılmasıyla sağlanabilir.

İyi düzenlenmiş klavye; iyi düzenlenmiş piyano.[1] Bundan anlaşılması gereken, kendini olduğundan farklı gösterme peşinde olmadığıdır.

Filanca piyanistin kemana öykünmesi gibi, kemanın sese (insan sesine) öykünmesi gibi Beethoven'in piyanosu da çoğu zaman orkestraya öykünür. Günün birinde bir piyanist piyanodan flüt sesi elde ederse onu alkışlayacak kimi dinleyiciler olacaktır. Dili resim alanına sürüklemek Goncourt Kardeşler'in,[2] Gautier'nin[3] yanlışıdır, bugünün müziğinde kimilerinin betimleme ya da anıştırma yapma savında olmaları da aynı biçimde yanlıştır. Mükemmel sanat önce kendi sınırlılıklarının bilincine varabilmiş sanattır; sadece o sınırsızdır.

Beethoven'i, Schumann'ı döküntü bir piyanoda da çalsanız, onlardan hep bir şeyler kalacaktır. Ama Chopin'i sadece çok iyi bir piyanoda çalın. Fazladan hiçbir şey içermediğinden, kendi kendine yetmek için her şeye ihtiyacı vardır. Ancak mükemmelliğe ulaştığında kendisi olur. Joubert'in şu sözü bana hep Chopin'i anımsatmıştır: "Eğer tek bir erdem eksikse, en ....[4] insan bile kırık bir inciye benzer."

---

[1] İyi ya da eşit düzenlenmiş klavye (*Wohltemperierte Klavier*) XVII. yüzyıl sonlarıyla XVIII. yüzyıl başlarında benimsenen akort düzenidir. Bu düzenden önceki yöntemde on iki ses, aralarında olması gereken frekans farkıyla sıralanacak şekilde akort edilirdi. Bu dizilişin matematiksel sonucu olarak da bu on iki ses üst oktavlarda tizleşmeye başlardı. Örneğin alttaki do ile üstteki do arasında ½ ton tiz bir fark doğardı. Eşit düzenlenmiş klavye yönteminde bu sakıncayı gidermek, alt ve üst oktavlardaki aynı sesleri eşitleyebilmek için sesler arasında olması gereken frekans farkları azaltılarak akort yapılmaya başlandı. Böylece "tam" aralıklarla sıralandığında tizleşen sesler, aralıklar eksiltilerek sıralandığında eşitlendi. Bir başka deyişle sesler tam aralıklarla sıralandığında sonda ortaya çıkan fazlalık önceden yedirilerek ortadan kaldırılmış oldu. (Ç.N.)

[2] Yazar, sanat meraklısı ve koleksiyoncu Goncourt Kardeşler, özellikle XVIII. yüzyıl ressamlarını konu alan incelemeler yayımlamışlardır. (Ç.N.)

[3] Gide bu yazarın ön adını vermemektedir. Ancak resim sergileri (Salonlar) konusunda eleştiri yazıları da yayımlamış şair-yazar Théophile Gautier'den söz ediyor olması çok muhtemeldir. (Ç.N.)

[4] Özgün basımda bu alıntının ezberden yapıldığı belirtiliyor. Elyazmasında burası boş bırakılmıştır. (Y.N.)

Chopin'in en kısa eserlerinin kimileri, bir problem çözümündeki o zorunlu ve arı güzelliğe sahiptir. Sanatta, bir sorunu doğru ortaya koymak, onu çözmek anlamına gelir.

Kısa bir şiir ya da müzik parçasının bizim okuduğumuz sıra içinde yaratılmış olması pek enderdir. Baştaki ölçülerin, ilk mısraların en son yaratıldıkları mutlaka olmuştur. Baudelaire'in bir sonesini ya da Chopin'in bir prelüdünü dinlediğimde, geri kalan her şeyin çevresinde yavaşça oluştuğu, düzene girdiği ilk düşüncenin, bestecinin zihninde oluşan ilk verinin hangisi olduğunu düşünmeyi severim. Bu arayışın boşuna bir çaba olduğu düşünülebilir, çünkü sanat eseri, eğer bu doğuş süreci kendini artık belli etmiyorsa, gerçekten tamamlanmış demektir. Ve sanıyorum ki, sanatçının kendisi de çoğu zaman, esinlenme sırasında bunun bilincinden uzaklaşmaktadır. Ama Chopin'in bir müziksel şiirinde besteleme çalışması ile Bach'ın bir fügündeki çalışma kesinlikle aynı değildir. Bu sonuncusunda tema zorunlu olarak baştan vardır; kuşkusuz kontrpuanın gerekleri nedeniyle biraz değişikliğe uğrayabilir, ama ilksel veri hep odur.

Chopin'in müzik tümceleri ne kadar yalın...
Örneğin şu noktürn, en güzellerinden biri, *Do Diyez Minör Noktürn* ilkin sadece, yarım ton yükselerek yeden (*sensible*) biçimini alan minör üçlüyü öne çıkarır; o sırada tonik silinmekte ve girilen ilgili majör ya da minör tonun alt dominantı (*sous-dominante*) haline gelmektedir. Benim burada yığınla sözcük kullanarak açıkladığım şey, aslında çocuklar için tasarlanmış bir problem kadar basittir.

Birinci Balad'ın ilk tümcesi yedili bir akorun seslerinden ibarettir. Bu akorun vurgusu, bir tür *appoggiatura*[1] ile gecikerek toniğe düşen son nota üzerindedir; ve bu olağanüstü büyüleme gücüne sahip mükemmel bir tavır yaratmaktadır.

Evet, Chopin –bunun belirtilmesi çok önem taşır– kendini notaların güdümüne ve esinine bırakır...

Eğer, *Etütler* içinde hüzün duygusunu en çok taşıyanını (mi bemol majör) ele alacak olursam, onun, birbirini izleyen ses değişimleriyle kademe kademe ulaştığı ve orada bunalım içindeki ruhun artık huzura kavuştuğu, muzaffer ve görkemli dinginliğine hayranlık duyarım. Ama iddia ediyorum, burada da Chopin'i o akora ve ses değişimine zorlayan duygu değildir; daha çok, doğru bir müziksel yerindelik anlayışıdır, duygu bundan sonra kolayca oraya yerleşir. (Sadece uyak, ritim, sözcük seçimi, ve sözdizimi uygunluğunun, şairi hem yönlendirdiği hem de zorladığı ve o yetkin beğenisine kendini kabul ettirdiği bir dizeye, örneğin bir Paul Valéry dizesine, duygu nasıl yerleşiyorsa aynı öyle yerleşir).

Virtüözlerin, *Üçüncü Scherzo*'nun ortasındaki ağır ve gizemli koral bölümü, düzenli aralıklarla kesen se-

---

[1] (İt.) Esas sese bir üst ya da alt derecesine dokunarak geçme. Basamak. (Y.N.)

kizlikler yağmurunu *presto* çalmakta nasıl bir yarar gördüklerini anlamaya çalışmaktan vazgeçiyorum. Burası, koral için benimsenen *tempo*'nun ritmiyle ve yazılmış olduğu gibi ikinci vuruştan başlayarak çalınmalıdır; geciktirerek, sanki ansızın boşalan bir yayla başlatılıyormuş gibi değil. Bu yumuşak ve ılık bir yağmurdur, içinde bir gökkuşağı gülümseyebilmelidir. Acelesiz çalınmalıdır.

İşte bu sekizliklerde, koral bölümün *tempo*'sunu sürdürebilmek için, onu çok yavaş almamak iyi olur. Ya bir tür denge sağlamak düşüncesiyle ya da daha çok, sanatla hiçbir ilgisi ilişkisi olmayan bir etki yaratma çabasıyla *vivace*'lerin hızlandırıldığı ölçüde, *lento*'ları yavaşlatma alışkanlığı kadar iğrenç başka bir şey olamaz. Söz konusu bölümde, sekizlikler çizgisini çok hızlı çalan piyanist –etkileyici olmak için– koral'i de fazla yavaş çalar. Birinden diğerine geçerken hızda hiçbir değişim kabul edilemez. Bu adamlar çılgın.

Sol Bemol Majör Prelüd.

Acaba müzikte, insanı bundan daha fazla saracak, daha hoş bir tavır olabilir mi? Her önemli notaya ancak, onu özleten, umut ettiren ince bir yaklaşımla, çevresinde dönüp dolandıktan sonra ulaşılıyor. Bu ilk keşif ölçülerinin henüz biraz duraksamalı çalınmasını, cesaretle ileri atılmaya karar veremeyen, ama ardından aşırı derecede sevincin hüzünle iç içe geçtiği o sevimli heyecana kendini bırakıveren biri tarafından çalınıyormuş gibi oluşunu; ve sonra her şeyin sevgiyle kendini bırakış içindeki bir okşamada eriyişini seviyorum.

Chopin'in, *Konser Allegrosu, Polonez-Fantezi* (Op. 61), hatta bunca övülen fa minör *Büyük Fantezi*'si gibi kimi en ünlü, büyük bestelerini pek fazla sevmediğimi de itiraf etmem gerekir Chopin'in, kimi en ünlü, kimi büyük bestelerini pek fazla sevmediğimi de itiraf etmem gerekir. Bu eserler, büyük dinleyici kitlesi için gösteriş parçalarıdır; iddialı ve biraz da aşırılığa kaçan dolayısıyla kolay heyecanlara yönelik eserlerdir; bu eserlerde, *Prelüdler*'i ve *Etütler*'i yaratan eşsiz sanatçıyı tanımakta güçlük çekiyorum. Bu eserleri kendim için çalma isteğini hiç duymuyorum, dinlemeyi ise daha da az istiyorum. Bu eserleri, salonlarda bunları çalarak kolay başarılar elde eden profesyonellere bırakıyorum. Dolayısıyla, bunlar üzerinde hiç durmayışım hoş görülsün.

Buna karşılık, çoğu zaman bu "konser parçaları" derlemesi içinde yolunu şaşıran *Barkarol* ve *Ninni* ise Chopin'in yeğlediğim besteleridir; hatta, Nietzsche gibi ben de *Barkarol*'ü neredeyse bütün eserlerinin doruğuna yerleştirebilirim. Bu eserden ilerde uzun uzun söz edeceğim. Ama yeri gelmişken şimdiden belirtmek isterim ki, bu iki eser olağanüstü bir neşe içinde yüzer; *Ninni* yumuşak ve tamamıyla dişil bir neşe, *Barkarol* ise, ışıltılı, zarif ve sağlam bir lirizm içindedir; bu nitelik, Nietzsche'nin tercihini açıklıyor... Benimkini de.

Édouard Ganche'ın[1] Chopin Üzerine Notlar Konusunda André Gide'e Yazdığı Mektup

Chopin Üzerine Notlar'ım konusunda, Bay Ganche'ın bana yazmış olduğu mektubun metnini buraya eklemek bana yararlı, hatta zorunlu görünüyor.

2 Ocak 1932

Sayın Bayım,

Chopin Üzerine Notlar'ınızı okumuş olmanın verdiği büyük hazzı dile getirişim, kuşkusuz sizin için pek önem taşımaz. Bu notlar, müzik sanatında usta birinin kaleminden çıkmıştır. Ama sorduğunuz sorulara yanıtlar almak belki daha çok hoşunuza gidecektir, işte bu düşünceyle size bunları sunma cesaretini buluyorum.

Birinci Prelüd, Chopin tarafından *agitato* olarak işaretlenmiştir.

Sol Minör Noktürn. Kabul etmek gerekir ki puan d'orglar Chopin tarafından konulmuştur, ve hiç olmaz-

---

[1] Edouard Ganche (1880-1945). Chopin uzmanı Fransız müzikolog. Besteci hakkında çok sayıda eser vermiştir. Bunlardan biri *La vie de Chopin dans son oeuvre* (Eserlerinde Chopin'in Yaşamı) başlığını taşır. 1932 yılında, Chopin'in eserlerinin Oxford Üniversitesi Yayınları tarafından yayımlanan basımını gerçekleştirmiştir. (Ç.N.)

sa bir defa için, burada, düzeltmenleri[1] suçlamanın mümkün olmadığını itiraf ederim.

İkinci Prelüd'de garip bir şey yok. Bir kasaba kilisesinin çan kulesinde, iki çan tarafından çalınanın aynen notaya geçirilmiş halidir. Çocukluğumda ben de, bir ölümün ve kısa süre sonra gerçekleşecek bir defin işleminin habercisi olan bu çanları, ya çanların birbiriyle uyumsuzluğu nedeniyle, ya rüzgârın etkisiyle sesin değişmesinden ötürü ya da bu iki nedenin bir araya gelmesi sebebiyle aynı *dissonance*'ı duyarak dinledim; hiç kuşkusuz Chopin de, aynı kasvetli *dissonance*'ı, ıssız Polonya kasabalarında duymuş olduğu gibi tekrarlamıştır.

(*24 numaralı Re Minör Prelüd*). Chopin'de, dokuzuncu ölçüden başlayarak, alt partide dörtlük vurgulanmamaktadır. *Pike* ya da *lure* nota yoktur.

Elimde Chopin'in bütün eserlerinin, bizzat kendisi tarafından düzeltilmiş özgün Fransız basımı var. Bu, onun öğrencisi Jane Stirling'e borçlu olduğum eşsiz bir koleksiyondur. Chopin'in hayranlık veren birçok yeniliğinin, düzeltmenleri ve öğrencileri tarafından –bunlardan birinin adını vermek gerekirse Mikuli– basit hatalar ya da unutma sanılmasından ötürü, günümüzde bilinmeyen yüzlerce özellik arasından birkaç özgün işareti, o nüshalara dayanarak size aktarmak istiyorum.

Özgün basımda bile *allegro* olarak işaretlenmiş *14. Prelüd*'de Chopin, *allegro* sözcüğünü çizmiş, üstüne büyük harflerle *largo* yazmıştır.

Yanına Chopin tarafından yazılmış: Ağır.

---

[1] Eser basıma hazırlanırken düzeltenler. (Ç.N.)

Her ne kadar anahtarda la diyez varsa da, Chopin *la*'nın önüne kurşunkalemle, iyice bastırarak çizilmiş bir diyez ekleyerek isteğini vurgulamıştır. (Hayli yürekli, çözülmeyen bir basamak [*appogiatura*].) Günümüzde bile alışılması gereken bir şey. Chopin'de buna sık rastlıyoruz ama düzeltmenler hepsini silmişler. Sonra da, aptallar, Chopin'in elyazmalarının hatayla dolu olduğunu söyleyip durdular.)

Barkarol'ün elyazması da bende, çalışmanın ilk ve gerçek elyazması. Sizin hayranlık duyduğunuz *sfogato* işareti gerçekten mevcut.

Chopin, bakışımlılığa, karşılıklara hiç önem vermezdi. Tekrarlanan ölçüleri hemen her zaman değiştirirdi; düzeltmenler hepsini aceleyle aynı biçime soktular. Chopin'in koyduğu neredeyse bütün bağlar değiştirildi. Bu katliamlar beni, Oxford Üniversitesi Yayınları için, Chopin'in eserlerinin büyük basımını hazırlamaya dönük uzun ve zorlu bir çabaya girişmeye zorlamıştır.

Örnekler Dizelgesi

1. *La Minör Etüt*, (2. defter No: II). 45-48. ölçüler. Peters Yayınevi 25
2. *Sol Minör 1. Balad*, 65-68. ölçüler. Oxford Üniversitesi Yayınları 27
3. *Do Majör 1. Prelüd*, 1 ve 2. ölçüler. Oxford Üniversitesi Yayınları 31
4. *Do Diyez Minör 7. Noktürn*, 19-22. ölçüler. Oxford Üniversitesi Yayınları 33
5. *La Minör 2. Prelüd*, 3 ve 4. ölçüler. Oxford Üniversitesi Yayınları 36
6. *Re Minör. 24. Prelüd*, 9 ve 10. ölçüler. Oxford Üniversitesi Yayınları 37
7. *Re Minör 24. Prelüd*, 68 ve 69. ölçüler. Oxford Üniversitesi Yayınları 38
8. *Re Minör 24. Prelüd*, 72. ölçüden sona kadar. Oxford Üniversitesi Yayınları 39
9. *Fa Diyez Minör 8. Prelüd*, 1. ölçü. Oxford Üniversitesi Yayınları 40
10. *Sol Majör 3. Prelüd*, 1. ölçü. *Fa majör 23. Prelüd*, 1. ölçü. Oxford Üniversitesi Yayınları 42
11. *La Bemol Majör 17. Prelüd*, 49-52. ölçüler. Oxford Üniversitesi Yayınları 55
12. *Fa Majör 23. Prelüd*, 21. ölçüden sona kadar. Oxford Üniversitesi Yayınları 58
13. *Re Bemol 8. Noktürn*, 1 ve 2. ölçüler. Oxford Üniversitesi Yayınları 62
14. *Si Minör 1. Scherzo*, 1-3. ölçüler. Oxford Üniversitesi Yayınları 63
15. *Do Minör 13. Noktürn*, 48-50. ölçüler. Oxford Üniversitesi Yayınları 64

16. *Sol Minör 1. Balad*, 8. ölçü. Oxford Üniversitesi Yayınları 72
17. *Do Diyez Minör 3. Scherzo*, 155-163. ölçüler. Peters Yayınevi 73
18. *Si Minör Sonat*. 27 ve 28. ölçüler (Édouard Ganche tarafından söz edilmiş) 74

Hediye CD'de Yer Alan Eserler

CD'de yer alan eserler, İdil Biret'in kitapta adı geçen
Chopin eserleri arasından yaptığı seçkiden oluşturulmuştur.

1. Etüt Op. 10 No. 1
2. Etüt Op. 25 No. 11
3. Empromptu Op. 51
4. Balad Op. 23
5. Prelüd Op. 28 No. 1
6. Prelüd Op. 28 No. 2
7. Prelüd Op. 28 No. 6
8. Prelüd Op. 28 No. 8
9. Prelüd Op. 28 No. 13
10. Prelüd Op. 28 No. 17
11. Prelüd Op. 28 No. 19
12. Prelüd Op. 28 No. 23
13. Prelüd Op. 28 No. 24
14. Noktürn Op. 27 No. 1
15. Barkarol Op. 60
16. Scherzo Op. 1
17. Polonez-Fantezi Op. 61

ANDRÉ GIDE
Kalpazanlar

"André Gide'in yirminci yüzyılımızın ilk yarısında, özellikle de iki büyük savaş arasında, kusursuz anlatımı, ilginç yapıtları, yazınsal, toplumsal, siyasal sorunlar karşısındaki özgür, önyargısız, değişik, değişken, ama hep aynı ölçüde derinden kavrayıcı bakışıyla Fransız yazınını giderek Fransız kamuoyunu etkisi altında tutmuş, büyük bir yazar ve düşünür olduğu bilinir."

TAHSİN YÜCEL

Kalpazanlar, yazdıklarını anlatı ya da uzun öykü olarak nitelendiren André Gide'in roman olarak adlandırdığı tek eseridir ve edebiyat tarihçileri tarafından da yazarın en önemli yapıtlarından biri olarak kabul edilir. Geleneksel roman anlayışının dışında kaleme alınan *Kalpazanlar*, bu türü neredeyse baştan tanımlamak istemesi ve bir roman arayışının romanı olarak da edebiyat tarihinin yapı taşlarından biri sayılır.

ANDRÉ GIDE
Vatikan'ın Zindanları

Vatikan'ın Zindanları, birbirinden şaşırtıcı olayları, birbirinden ilginç kişileriyle, André Gide'in anlatılarının belki de en çekicisi, en sürükleyicisidir. Gide bu kitapta eski ile yeniyi, alaycılıkla şiirselliği benzersiz bir ustalıkla kaynaştırır. Bir zamanlar yazın dünyasında uzun uzun tartışılmış olan "nedensiz edim" kavramını da ilk kez bu kitapta geliştirir. Yalnız bu özelliği bile *Vatikan'ın Zindanları*'nı okunmaya değer kılar. Öyle ya, kitabın yayımlanışının üzerinden çok zaman geçmiş olmasına karşın, "nedensiz edim" kavramını kişileştiren Lafcadio'nun günümüzün bir kahramanı gibi görünmesi Gide'in yazınsal buluşuna toplumsal bir öngörü niteliği kazandırmaktadır.

ANDRÉ GIDE
Dünya Nimetleri
ve
Yeni Nimetler

Utanmadan, hiçbir yapmacığa kaçmadan, kendi kendimi koydum bu kitaba... Kitabım, kendi kendisinden çok, kendi kendinle ilgilenmeyi öğretsin sana; sonra kendi kendinden çok, kendi dışında kalanlarla ilgilenmeyi...

André Gide'in gençlik çağında kaleme aldığı *Dünya Nimetleri*, bencillikten uzak, özgün bir bireycilik ile güçlü bir içtenlik tutkusunun kitabıdır. Bu ünlü lirik düzyazı şiir, Gide'in, günah korkusundan kurtuluşunu ve alışılmışın ne kadar dışında olursa olsun kendi dürtülerini izlemesi gerektiğini kabul edişini yansıtır. Bir gençlik yapıtı olmasına karşın, *Dünya Nimetleri*'nde, Gide'in tüm bir yazarlık uğraşının özünü bulmak mümkündür. İnsanları içlerinden geldiği gibi davranmaya çağıran bu başyapıtı, yaklaşık kırk yıl sonra yazılan *Yeni Nimetler*'le birlikte ve Tahsin Yücel'in çevirisiyle sunuyoruz.

ANDRÉ GIDE
Ayrı Yol

André Gide, yaşamı boyunca toplumsal ve bireysel ahlakın en önemli ölçütünün bireyin içtenliği ve kendini tanıması olduğunu vurgulamıştır. *Ayrı Yol*, André Gide'in bu görüşünü en net biçimde dile getirdiği romanlarından biri. Geleneksel ahlak anlayışının karşısında bireyin özgürlüğünü savunanlara açık destek veren ve bu nedenle devrimci olarak nitelendirilen yazar, bu yapıtında, kendi evliliğinden yola çıkarak insan ilişkilerindeki sorunlara çözüm getirme çabalarını dile getiriyor.

Ayrı Yol, balayını geçirmek üzere karısıyla birlikte Tunus'a giden arkeolog Michel'in vereme yakalanmasıyla başlayan, onun iyileşmesi ve daha sonra karısının hastalanmasıyla devam eden bir yüzleşme ve arayış serüveni. Dünya edebiyatının en usta yazarlarından birinin kaleminden çıkan bu romanda, eşcinselliğini keşfeden ve toplumsal düzenin dayattığı kavramlardan sıyrılıp olabildiğince özgürleşmeye çalışan, bunu yaparken de kendisiyle çatışan bir erkeğin öyküsünü okuyacaksınız.

Tüm kitaplarımızla ilgili
ayrıntılı bilgi için:
www.canyayinlari.com